Lausanne

1910

Eucken , Rudolf

Problèmes capitaux de la philosophie de la religion au temps présent

RUDOLF EUCKEN

PROFESSEUR A L'UNIVERSITÉ D'IÉNA

PROBLÈMES CAPITAUX DE LA PHILOSOPHIE DE LA RELIGION AU TEMPS PRÉSENT

TRADUIT PAR

CHARLES BROGNARD

AVEC UN AVANT-PROPOS INÉDIT DE L'AUTEUR

LAUSANNE — LIBRAIRIE PAYOT & Cie

PARIS — LIBRAIRIE FISCHBACHER

1910

PROBLÈMES CAPITAUX

DE LA

PHILOSOPHIE DE LA RELIGION

AU TEMPS PRÉSENT

LAUSANNE — IMPRIMERIE A. PETTER

RUDOLF EUCKEN

PROFESSEUR A L'UNIVERSITÉ D'IÉNA

PROBLÈMES CAPITAUX

DE LA

PHILOSOPHIE DE LA RELIGION

AU TEMPS PRÉSENT

TRADUIT PAR

CHARLES BROGNARD

AVEC UN AVANT-PROPOS INÉDIT DE L'AUTEUR

LAUSANNE

LIBRAIRIE PAYOT & Cie

PARIS

LIBRAIRIE FISCHBACHER

1910

AVANT-PROPOS

J'éprouve une véritable joie de ce que les « Problèmes capitaux » vont paraître aussi en traduction française, dans la langue de Pascal. Les questions traitées dans ce livre sont aujourd'hui au centre de la vie spirituelle ; nous pouvons nous diviser et même nous contredire nettement les uns les autres quant à leur solution, il n'est possible à personne de les éluder, à moins de s'en tenir à la superficie des choses de notre époque. On ne trouvera pas ici une étude systématique de l'objet traité — je dois renvoyer pour cela à mon ouvrage « Der Wahrheitsgehalt der Religion » — le présent livre se borne à l'examen de quelques points, mais de points tels qu'ils permettent de faire ressortir avec une clarté particulière les traits caractéristiques d'une conviction religieuse ou touchant la philosophie de la religion. Issues de conférences, ces études ne s'adressent pas au cercle spécial des savants professionnels, mais à tous ceux qui croient à l'importance majeure de la religion et qui reconnaissent en même temps la complexité de la situation actuelle.

Je tiens, en terminant, à remercier cordialement le traducteur pour son vif intérêt et le zèle apporté à son travail.

IÉNA, août 1909.

Rudolf EUCKEN.

TABLE DES MATIÈRES

I.

LE FONDEMENT PSYCHIQUE DE LA RELIGION

Les conférences qui suivent ont besoin, sous plus d'un rapport, d'une amicale indulgence. Elles en ont besoin notamment parce que leur objet, de par sa nature, exigerait d'être traité d'une manière plus pénétrante et plus approfondie qu'il n'est possible de le faire en quelques heures. Mais les indications et les vues auxquelles nous devrons nous borner ici auront peut-être l'avantage de faire ressortir nettement l'essentiel. Nous nous proposons de commencer par le fondement psychique de la religion, puis de traiter des rapports de la religion et de l'histoire, enfin d'examiner la question de l'essence du christianisme. Nous irons ainsi du général au particulier, de la base au sommet, et nous espérons pouvoir, en ce faisant, développer une conception générale fondamentale à travers la variété des sujets.

Celui-là seul peut considérer comme simple et facile la question du fondement de la religion, qui commence par affaiblir la notion de religion. Qu'au delà du domaine que nous atteignons subsistent d'obscures profondeurs, que tout connaissable suppose un inconnaissable, personne n'en saurait guère douter ; mais cela ne nous donne encore aucun rapport avec cet inconnaissable, par conséquent, aucune religion.

Même en tombant d'accord sur le fait que l'inconnu doit être regardé comme une puissance supérieure qui passe notre pouvoir et dont l'action s'étend à notre sphère d'existence, nous n'obtiendrions encore de cette façon aucune religion. Car la religion implique nécessairement une présence vivante, et pas seulement un effet quelconque, de cette puissance supérieure dans la sphère humaine ; elle implique non seulement une relation quelconque, mais un rapport de notre être tout entier avec elle. Il n'est pas tellement aisé de voir comment on peut arriver à une sûre conviction à cet égard ; il faut d'abord nous efforcer de nous placer au point d'où la question peut être abordée, et cela est difficile, à moins de donner une forme particulière aux concepts fondamentaux de vie et de réalité.

On s'accorde à reconnaître aujourd'hui que l'étude du monde qui nous entoure ne nous mène pas au but ; à supposer solidement prouvée l'excellence de ce monde, nous ne pouvons conclure en statuant une raison supérieure qui en serait la cause. La critique kantienne a ruiné par la base les entreprises que l'« Aufklärung » avait tentées dans cette direction avec une hardie confiance en elle-même. Au surplus, les expériences du dix-neuvième siècle nous montrent trop clairement la puissance du fait aveugle et les dures résistances opposées aux fins de la raison pour que nous osions nous confier à cette méthode pour conduire à la religion. Même en cas de plein succès, elle ne nous offrirait pas une religion de tout l'homme, un affermissement et une élévation de l'âme, mais simplement une conception religieuse du monde.

Aussi, par un revirement assez général, on a cherché la base de la religion dans le propre fond de l'âme, dans les expériences et les découvertes particulières de la vie intérieure. Une pensée s'est imposée à nous avec une force convaincante, à savoir que nous ne pouvons démontrer d'abord la réalité, au delà de notre sphère de vie, d'un ordre supérieur et ensuite le mettre en rapport avec nous, mais que le seul point de départ possible nous est fourni par le processus vital lui-même, que seule la claire connaissance de ce qui le constitue peut nous certifier la présence d'un ordre nouveau.

Mais si inattaquable que soit cette idée dans son sens général, on s'égare facilement en essayant de la développer. Ce qui se présente comme une victoire sur l'intellectualisme risque de devenir une simple réaction contre l'intellectualisme. Plusieurs, en effet, n'échappent à l'intellect, avec son travail objectif, que pour se jeter juste à l'opposé, dans la subjectivité du pur sentiment, dans l'isolement de l'âme détachée le plus possible du monde. Il y a ici des besoins et des exigences variés ; ceux qui se manifestent avec une force spéciale et ne se laissent point écarter à volonté paraissent avoir le droit d'être satisfaits sûrement. En particulier, la réalité des postulats de notre affirmation morale personnelle semble s'imposer à notre confiance; or ceci nous mène à la religion, attendu qu'une puissance supramondiale est seule capable de nous élever au-dessus des dangers d'un monde étranger et hostile.

Il n'est pas facile de séparer brièvement ce qu'il y a de juste et de faux, de nécessaire et de problématique dans ce raisonnement ; ce qu'il est permis de dire, c'est qu'il expose au danger de tomber dans la pure subjectivité. On ne conclut valablement de l'homme à quelque chose qui le dépasse que si l'homme est plus qu'un point en face de l'infini, si l'on peut distinguer en lui une nature particulière et un élément universel, et si l'on y peut découvrir une participation intérieure à une vie universelle quelconque. Il faut que l'homme appartienne par le dedans à un univers pour faire des expériences de l'univers telles que les demande la religion ; seul l'ensemble d'un monde surgissant du dedans peut se mesurer avec celui du dehors et l'emporter sur lui. L'homme est-il par contre détaché de toute relation avec la vie universelle et réduit à son être propre et individuel, il pourra s'y créer un royaume des désirs, des espérances, des imaginations, mais jamais il ne communiquera à ce royaume une réalité suprahumaine. Or le point capital dans la religion, c'est que quelque chose de supérieur à l'homme agit en l'homme et l'élève au-dessus de lui-même, fait de lui un être nouveau et le met dans un rapport nouveau avec les autres hommes. Si nous constatons en l'homme des mouvements universels, c'est qu'il peut faire des expériences sur le Tout; mais pour le sujet détaché du monde, le mot de Voltaire demeure vrai: l'intensité d'un besoin ne prouve nullement la possibilité de le satisfaire. Celui-là seul aux yeux de qui une organisation rationnelle de la réalité est chose certaine, peut conclure d'un besoin subjectif à sa satisfaction; mais celui qui a d'abord à prouver cette organisation ferait, en concluant ainsi, un cercle vicieux, s'il prenait son point de départ dans un besoin de l'homme.

Mais même si nous devions tenir cette voie pour praticable, nous n'obtiendrions en la suivant qu'une religion incapable de suffire à sa propre idée. La religion serait par trop une vie de sentiments et de dispositions intimes, elle craindrait de se mêler des problèmes touchant le monde et aussi d'entrer en un contact trop étroit avec le travail de la culture, elle construirait un royaume à part que les émotions subjectives n'empêcheraient pas d'être spirituellement vide. L'homme ne se réduit pas à la subjectivité pure; l'objectif aussi est de son essence et doit l'occuper; le problème du monde appartient à la nature la plus intime d'un être spirituel, d'un microcosme tel qu'est l'homme. La méthode intellectualiste risquait de rabaisser la religion à n'être qu'une simple conception du monde ; celle qui part de la pure subjectivité, qu'on nomme cette méthode volontariste, affective ou de quelque autre nom, en fait volontiers une série de fluctuations du sentiment. Cette dernière variété a, il est vrai, plus de chaleur; en revanche, la largeur lui fait défaut, elle manque aussi d'un essor vigoureux pour se dégager des éléments purement subjectifs; elle ne permet pas à l'homme de se libérer suffisamment de la pure humanité.

On le voit, il ne sert de rien de passer d'un côté au côté opposé, nous n'avancerons que si nous trouvons le moyen de surmonter l'antithèse; or cela ne se peut qu'en pénétrant par delà les manifestations psychiques considérées isolément, par delà les prétendues facultés de l'âme séparées l'une de l'autre, jusqu'à l'unité autonome et originale dont toute variété se présente comme le déploiement. C'est dans cette unité que devrait se révéler la participation de l'homme à une vie universelle, c'est ici qu'il devrait pouvoir faire des expériences du monde : de cette façon seulement il deviendrait possible de donner à la religion un fondement interne, car de pareilles expériences seraient fort propres à nous certifier la présence d'un ordre supérieur. Notre vie étant ramenée à l'unité, une telle vie universelle en devient-elle visible en nous? Telle est la question dont la réponse décide de la possibilité d'un fondement psychique de la religion.

Or à cette question nous répondons avec confiance par l'affirmative, en en appelant au fait de la vie spirituelle. Si nous n'apercevons qu'obscurément la signification et la portée de de ce fait, c'est parce que la réalité toute proche et partout présente nous semble insignifiante et comme allant de soi; ainsi nous ne voyons ni n'apprécions ce qui s'accomplit en nous de merveilleux avec le développement de la vie spirituelle. En contraste avec l'existence fragmentée où nous sommes d'abord impliqués et qui s'écoule en une série de rapports de succession, une vie absolument nouvelle apparaît en nous, vie empreinte d'un caractère universel et dans laquelle une tendance générale soutient et anime toutes les manifestations de détail. On peut reconnaître clairement à divers indices que la vie et l'activité spirituelles ne sont pas une simple adjonction à une réalité donnée, mais la construction d'une réalité nouvelle. Cette activité ne se limite pas à un domaine isolé, elle a la prétention d'embrasser tout ce qui existe ; si quelque chose demeure en dehors de ses prises et de sa compréhension, elle éprouve une opposition douloureuse. La pensée, aussi bien que l'action, montre comment la vie spirituelle ne se borne pas à s'assimiler et à amasser, mais aussi relie et transforme, comment elle n'en reste pas au donné, mais le dépasse et lui assigne des fins nouvelles. La pensée se dégage des enchaînements de l'existence, se pose en face d'elle et cherche à la concevoir en un tout ; déjà dans la mesure du monde extérieur, l'imagination, allant à l'infini, franchit toutes les limites du pouvoir des sens ; plus puissamment encore la pensée pénètre au-dedans, mettant en rapport réciproque les éléments juxtaposés, cherchant à sonder et à approfondir et se demandant finalement quel est le sens de l'ensemble. De même la vie spirituelle propose à l'activité des idéals et même un état nouveau du monde ; elle juge par là l'état présent, elle tend à substituer le nouveau à l'ancien et donne ainsi naissance à un mouvement incommensurable.

Dans toutes ces démarches de la pensée il y a une tendance vers un monde nouveau ; or ce qui est propre à cette manière d'être nouvelle, c'est une cohésion interne qui unit les éléments variés, une domination du tout sur le fragmentaire, un mouvement imprimé au détail par l'idée et la force de l'ensemble ; il se produit ici une combinaison du travail, non par la coïncidence des résultats, mais par une homogénéité interne qui agit de prime abord. Chaque homme a son monde spécial de représentations, ses opinions et ses désirs privés, mais le monde de la vérité est unique pour nous tous, et ce qui est acquis sur un point isolé vaut immédiatement aussi pour les autres et pour l'ensemble. En dehors d'une telle communion interne, pourrait-il y avoir un système quelconque de science ? De même chacun envisage différemment, à sa manière et d'après sa situation, ce qui est utile à la conservation personnelle physique et sociale ; mais là où se déploie la vie spirituelle, on poursuit un bien qui vaut pour tous, qui est à l'avantage de tous et auquel se mesure toute activité individuelle ; le vrai et le bien nous élèvent au-dessus de la sphère étroite des intérêts et des opinions privées jusqu'en un royaume intégral, et relient l'humanité dans une communion intérieure d'effort. Le vrai et le bien ne sont pas en cela de simples moyens et instruments de notre bien-être; les traiter de la sorte, c'est les ruiner à fond. Ils nous ouvrent plutôt une vie nouvelle et plus noble, un monde nouveau dont la communication, avant toute autre chose, distingue essentiellement l'homme de l'animal, ou même l'être spirituel de l'être animal, et lui confère par cette spiritualité une incomparable valeur. Quand il s'agit du vrai et du bien, notre effort n'aborde pas l'objet du dehors, en s'en tenant à un simple contact, nous cherchons à l'attirer à nous tout entier et à nous développer aussi nous-mêmes en le façonnant. Ainsi notre pensée veut saisir la chose et satisfaire à ses exigences en triomphant de toute subjectivité; ainsi la vie se trouvant élevée au-dessus de la simple nature, nous pouvons, par le sentiment, nous mettre à la place des autres et, dans la justice comme dans l'amour, faire de leur être une portion de notre vie amplifiée et enrichie. Nous voyons couramment ici le mouvement partir d'un point isolé et tendre à l'infini, produire non pas tel ou tel effort au sein d'une réalité préexistante, mais développer de lui-même une réalité nouvelle, un royaume intérieur autonome.

Il est impossible de contempler cette vie dans sa totalité et de l'apprécier dans son caractère spécifique sans que surgisse la question de son origine et de sa place dans l'ensemble de la réalité. La vie nouvelle ne peut être un simple produit de l'humaine réflexion ; elle engendre pour cela beaucoup trop de formes et d'énergies spéciales que nous serions incapables de produire de nous-mêmes ; de plus, elle est tellement contraire au bien-être naturel, elle exige de l'homme tant de travail et de sacrifices, une transformation si complète, un tel déplacement du centre de gravité de son être, que jamais la tendance naturelle au bonheur n'aurait pu nous y amener. Joignez que la nature de l'homme, dans son état empirique, est loin d'être à la hauteur de la tâche. Car elle manifeste une opposition directe aux exigences de la vie spirituelle. Là c'est la dispersion, l'émiettement, ici, une totalité interne impérieusement exigée ; là, l'émotion de l'esprit dans la défaillance à l'égard des penchants naturels énergiques de conservation personnelle, ici, la prétention d'être le fondement profond et la force propulsive de la vie ; là, la vie sous la domination du temps et de l'espace, ici, le désir d'un ordre intérieur et éternel, tout fait qui se produit dans l'espace et dans le temps réduit à n'être que le déploiement et la manifestation d'un fait plus essentiel. Aussi est-ce détruire fondamentalement la vie spirituelle que d'en faire une œuvre purement humaine. Elle ne peut se comprendre que comme un mouvement de l'univers même, qui s'opère en l'homme, se communique à l'homme, mais n'est pas un simple produit humain. La vie spirituelle est absolument incompréhensible ; jamais elle ne pourrait devenir en nous une puissance, si elle n'était indépendante de la simple humanité, si la vie intégrale qui apparait en elle n'appartenait pas à la réalité même et si elle était dépourvue de cohésion interne. Il n'y a qu'une vie intégrale de la réalité pour provoquer en nous un mouvement vers une vie intégrale.

Un rapport particulier entre l'esprit et la nature nous amène aussi à une telle conviction. Ce doit être en fin de compte la même vie qui agit dans les deux domaines ; mais aussi loin que s'étend la nature, cette vie parait divisée en courants ténus et isolés et limitée à leur action réciproque ; elle n'acquiert ni autonomie ni contenu quelconque. Dans la sphère spirituelle, par contre, la vie se concentre en un tout et du même coup tend à se constituer en elle-même ; la réalité parvient seulement alors à se donner une unité intérieure et une âme ; il ne subsiste au delà de la vie nulle profondeur obscure, mais le processus vital même engendre l'être et devient de la sorte le porteur d'une réalité.

L'indépendance de la vie spirituelle que nous

venons d'affirmer contredit, nous le savons fort bien, l'opinion moyenne ; mais nous n'en devons pas moins persister dans cette manière de voir, car ce point décide du bien ou du malfondé de tout mouvement de nature spirituelle. Dans toute sa complexité, elle renferme des affirmations qui dépassent la simple humanité, elle introduit dans l'existence de celle-ci un monde nouveau, une cohésion interne, qui sont indépendants des opinions et des penchants humains et au-dessus des étroitesses et des particularités de la pure nature humaine. Si nous hésitons à reconnaître cela, par crainte de la métaphysique (l'homme moderne, si libre qu'il se figure être, est souvent l'esclave apeuré de la mode superficielle) et si nous voulons pourtant maintenir une vérité quelconque, alors nous renions dans le principe ce que nous affirmons dans la conséquence, jamais notre vie ne saurait parvenir à une concentration puissante et à un élan victorieux. C'est donc ici que s'opère entre les esprits une irréconciliable scission, car précisément les mouvements contemporains dissipent de la manière la plus complète la pénombre où la vie ordinaire relègue ces questions. Or celui qui, en présence de l'alternative, se décide pour la négation, devrait au moins savoir qu'il rabaisse au rang de simple imagination tout ce qui dépasse l'existence naturelle et l'existence sociale, et que des concepts comme celui du bien et du vrai perdent pour lui leur valeur.

Mais celui qui se décide pour l'affirmative et qui reconnaît dans la vie spirituelle une puissance universelle autonome, a-t-il démontré par là la vérité de la religion ? A peine, sans doute. Car la religion ne résulte en aucune façon de la simple existence d'une puissance supérieure à l'homme ; la religion implique une actualisation de cette puissance tout entière en opposition à la vie qui autrement est la nôtre, et pour cette actualisation nous avons gagné tout au plus jusqu'à présent une possibilité, une station de recherche. Il reste à en démontrer la réalité, ce qui n'est possible qu'en découvrant un développement de la vie par delà l'état considéré jusqu'à maintenant, en montrant que la spiritualité supérieure atteste sa présence au dedans de notre humaine existence par une activité spéciale et porte ainsi la vie à une hauteur nouvelle.

Qu'un tel fait existe, nous l'affirmons de nouveau décidément. Nous le trouvons en ceci, savoir que la vie spirituelle ne nous touche pas seulement dans ses effets, qu'elle ne vient pas à nous par fragments et n'attire pas à elle de simples parties de nous, mais qu'elle se donne à nous comme un tout, que nous nous l'appropriions comme un tout, et qu'en même temps elle jaillit en nous dans son originalité ; dans une conversion totale de notre être, nous devenons le point de départ d'une vie intégrale de nature infinie, des porteurs du monde spirituel, des collaborateurs autonomes du règne de la raison. A diverses époques on a exprimé de diverses façons cette transformation ; les anciens parlaient d'une autonomie de la raison en l'homme, le christianisme antique, de la valeur incommensurable de chaque âme ; nous autres modernes, en appréciant les notions de personnalité et d'individualité spirituelle, nous professons estimer la vie de l'homme comme quelque chose d'indépendant et voir en elle autre chose qu'un simple chaînon dans la chaine des causes et des effets. Il importe, il est vrai, de dégager les idées de personnalité et d'individualité de la confusion qui leur est souvent inhérente aujourd'hui, et en vertu de laquelle on leur attribue comme une propriété naturelle ce qu'elles n'acquièrent que de rapports universels. Que la diversité de la vie se groupe en nous autour d'un point central, cela ne signifie pas grand' chose en soi, il peut n'y avoir là que la simple nature renforcée et à laquelle nous serions rivés ; cela n'acquiert de valeur que si ce groupement laisse apparaître une vie spirituelle autonome qui fait participer l'homme à son infinité et, par son déploiement, le met en possession d'un moi nouveau, plus vrai et plus riche.

Ce n'est que sur la base d'une vie personnelle ainsi comprise qu'on peut aussi comprendre et apprécier la naissance d'une individualité spirituelle. Jamais le caractère particulier fortuit qui nous vient de la nature ne serait en droit d'être considéré comme ayant une valeur et de s'affirmer contre tous les obstacles, jamais de ses éléments juxtaposés ne pourrait sortir une unité intérieure. Ce n'est que par suite d'une transformation de la vie et de la conquête de l'autonomie qu'il est possible de rechercher une telle unité, et alors la formation d'une individualité, en tant qu'incorporation particulière et incomparable du monde spirituel, prend une incommensurable valeur, toute acquisition d'une individualité devient un accroissement du royaume de l'esprit. Mais en même temps la personnalité et l'individualité, qui existaient censément à l'état de faits, deviennent des tâches ardues embrassant la vie entière et la tenant en un mouvement incessant.

De ce point de vue, parvenir à la personnalité et à l'individualité, cela ne veut pas dire se retirer du vaste monde dans une cellule privée, savourer les délices d'un isolement égoïste ;

cela signifie acquérir une vie originale qui voudrait s'étendre à l'infini, attirer le monde à soi et le modeler à sa façon. En tant qu'être spirituel, l'homme est originairement en relation avec le monde ; en se tournant vers le monde et en développant cette tendance, il cherche donc au fond sa propre essence, et tout ce qui l'enferme dans la sphère isolée d'une existence purement subjective lui devient trop mesquin et trop étroit. Ainsi le mouvement vers la personnalité et l'individualité est le point de départ d'un nouvel état intégral de l'humanité ; l'établissement ou la conservation d'une spiritualité autonome au sein de l'humanité doit embrasser et relier entre eux tous les fils isolés de la vie. Cela, et cela seul, donne un sens et une valeur à l'existence de l'homme et à l'ensemble du mouvement de l'histoire du monde ; sans cela, la vie, avec toute son extension et ses manifestations sensibles, peut avoir l'air d'être la chose capitale, elle n'en reste pas moins chose accessoire, un simple cadre, une simple condition de cette autre chose qui forme le noyau essentiel ; elle sombre dans l'apparence et l'ombre si elle s'en détache ou se constitue en hostilité à son endroit.

Or cette vie nouvelle est dans le rapport le plus étroit avec la religion. Car cette originalité autonome, qui s'oppose à tout le reste du monde et accepte courageusement la lutte avec lui, ne peut être l'œuvre de l'individu ni le produit d'une organisation naturelle et sociale donnée. Une vie intégrale ne peut être implantée en l'homme que par un tout vital supérieur qui la doit soutenir sans cesse. Ceci marque l'introduction d'un nouveau degré de la réalité en nous-mêmes, au sein de notre vie, par conséquent une rupture de l'ordre prochain des causes et des effets, une déchirure dans la connexion universelle ; ceci rend à jamais impossible une coordination rationnelle de la réalité qu'embrasse notre regard, ceci interdit une théorie moniste du monde dans son état immédiat. Mais si la réalité est plus riche que nos indigentes formules et si elle recèle plus d'antithèses qu'il ne conviendrait pour notre commodité, faut-il nous obstiner à méconnaître cette richesse et ces antithèses afin d'être promptement hors d'affaire? Aurions-nous un tour d'esprit assez anthropomorphiste pour déclarer vraie et seule possible la constitution du monde qui cadrerait au plus juste avec nos concepts humains?

D'après notre idée, ce n'est pas tel ou tel élément de la vie spirituelle qui nous garantit la présence d'une vie supérieure et nous relie à elle, mais c'est l'intégrité d'une vie originale et autonome au dedans de nous; ainsi comprise, la religion est inséparablement conjointe au plus intime de notre être. Mais la vie qui se développe ici porte en soi une antithèse particulière : autonome, elle est pleine de joyeuse énergie, elle peut se donner, même sur tel ou tel point, comme un but complet, se sentir, dans son originalité et sa spontanéité, supérieure à tout l'univers physique et même psychique tel qu'il est donné. Or tout ce pouvoir, la vie nouvelle ne le tient pas de la simple nature, elle ne l'a qu'en tant que révélation d'une vie intégrale supramondiale, elle ne l'a que par la vertu et la présence de celle-ci, en tant qu'elle en est conditionnée et qu'elle en dépend. L'activité personnelle aussi, elle surtout, apparaît alors comme communiquée, comme un don et une grâce. C'est donc à bon droit qu'on a soutenu que la foi, l'appropriation de la vie nouvelle, cette œuvre qui appartient éminemment à l'homme, il ne saurait la produire de lui-même, mais qu'elle doit être donnée et suscitée en lui. De ce point de vue, la vie n'est pas un produit composé, provenant de facteurs différents : l'action humaine et l'action divine; le sommet de l'humain est dans toute la force du terme une attestation du divin : « Qu'avons-nous que nous n'ayons reçu ? »

Ainsi toute vie spirituelle originale naissant

en l'homme est dans quelque rapport avec la religion, et la conviction s'en impose d'autant plus à elle qu'elle est plus consciente de son originalité et de son opposition à l'existence naturelle. Quant à la forme qu'elle se donne, elle est déterminée par le fait que la vie se présente à nous à trois degrés de spiritualité : la spiritualité de principe, la spiritualité militante et la spiritualité triomphante. Qu'une spiritualité autonome se déploie dans la sphère humaine, que la vie spirituelle s'élabore non seulement en nous, mais par nous, en se séparant nettement de ce qui est purement naturel ou social, cela marque un grand changement, lequel ne fut jamais l'œuvre des simples individus, mais implique une révélation de la vie intégrale en vue d'un effet intégral. Aussi les esprits créateurs, dans tous les domaines, se sont-ils d'ordinaire sentis portés et poussés par une puissance invisible, conduits par une nécessité interne qui se frayait une voie sûre à travers toutes les recherches hésitantes et les doutes de l'homme, et en même temps faisait l'homme indépendant à l'égard du monde qui l'entourait. C'est pourquoi le succès ne pouvait enorgueillir ni infatuer ces esprits, mais plutôt la conscience d'être les organes de puissances supérieures les remplissait d'un profond respect et d'une joyeuse reconnaissance. Or ce qui apparait ainsi aux points culminants se retrouve à travers tout le travail et distingue partout la vraie culture spirituelle d'une simple culture humaine, d'une mesquine comédie de civilisation. Le travail se détache-t-il de ces liens de cohésion interne, il perd toute indépendance à l'égard des opinions et des désirs humains, comme aussi toute vertu pour élever et transformer l'homme intérieur, et ni sagacité ni habileté ne peuvent l'empêcher de s'abaisser à une culture de façade et de comédie.

Mais cet élément religieux inhérent à toute culture authentique est surtout latent, il l'accompagne à la manière d'un sentiment confus, et même il peut en compromettre l'ampleur et le caractère positif s'il se montre indépendant et cherche à en influencer directement les formes. Le germe ici existant ne parvient à son plein épanouissement que par la lutte que doit soutenir la vie nouvelle dans la sphère humaine. Nous ne saisirions pas l'élément nouveau dans le plein de sa nouveauté et de sa particularité, s'il ne se trouvait en une violente opposition avec la vie moyenne. Chez nous autres hommes, la vie nouvelle est à l'état de combat perpétuel. Aussi longtemps que le combat est dirigé vers le dehors, aussi longtemps qu'il s'exerce surtout contre l'indifférence de la nature, l'obscurité du destin ou la stupidité des masses, un rapport plus spécial avec la religion ne se développe pas nécessairement ; la pensée stoïcienne, sans cesse renaissante à travers les vicissitudes de l'histoire, montre que l'homme peut puiser dans le sentiment d'une raison qui lui est immanente une certaine force de résistance et une fière conscience de soi. Mais il en est autrement lorsque la complication s'étend à l'homme intérieur, lorsque des tâches apparaissent qui passent de beaucoup nos capacités, lorsque le mouvement spirituel ou bien se heurte à une violente opposition intérieure, ou bien est paralysé par la faiblesse intérieure, lorsque, en un mot, il s'agit d'affirmer la nouvelle vie, l'âme propre, contre tout ce qu'il y a en l'homme de faible, de bas et de mauvais. Une telle crise aboutit soit à une ruine complète, soit à la pleine certitude d'être rattaché à un monde invisible et d'être soutenu par sa force, et, dans ce dernier cas, la vie revêt un caractère particulier ; la religion sort décidément et nettement de l'arrière-fond de l'existence et passe au premier plan.

Sur le terrain de l'histoire aussi, l'expérience et le sentiment du caractère irrationnel de l'existence — combinés, il est vrai, avec la ferme conviction que le noyau spirituel en l'homme est inamissible et qu'une renonciation totale est impossible — ont contribué à faire reconnaître la religion, beaucoup plus qu'une démonstration de sa rationalité. La douleur, l'ébranlement, l'anéantissement imminent lui-même ont porté la vie à un point où forcément elle se refusait à renoncer, où, des doutes même les plus profonds, par delà la sphère des démonstrations, jaillissait la certitude axiomatique d'être abrité dans un autre ordre de choses. De telles crises ont fait éprouver que la négation en ces matières ne concerne pas des choses que l'homme ait le pouvoir et la permission d'abandonner à volonté, telles que le bien-être et le bonheur subjectifs, mais que quelque chose s'affirme contre l'homme même, le maintient même contre sa volonté et finalement subjugue cette volonté et devient l'âme de sa vie. Nul n'a éprouvé plus profondément ces luttes et ne les a dépeintes d'une façon plus admirable que saint Augustin ; seule la conviction du gouvernement d'un être divin le rendit certain de la vérité de son être propre.

Lorsque la lutte est menée dans ce sens, non comme une affaire privée de l'individu, mais en vue du maintien du monde spirituel sur ce point particulier, elle est tout autre chose qu'une simple défense ou résistance, la vie s'approfondit par elle; alors apparaît dans son développement, avec des expériences particulières à l'égard de toutes les complications du travail universel, un règne de pure intériorité, qui est l'âme inspiratrice de toute réalité. Cette intériorité, avec ce qu'elle renferme de nouveau, est pleinement à l'abri du reproche de subjectivité pure. Car tout le mouvement ne s'opère pas ici à côté, mais au sein de la réalité, à laquelle il fait atteindre la profondeur qui lui appartient.

Ainsi nous voyons chez l'homme une vie spirituelle prendre son essor, aux divers degrés de spiritualité fondamentale, militante et triomphante. Plus ce mouvement se continue, plus aussi il prend un caractère religieux et plus il devient manifeste que l'homme est relié à une puissance surhumaine capable de l'élever. Mais si nécessaire qu'il soit de distinguer ces degrés et de ne point attribuer aux premiers les résultats des derniers, ils n'en constituent pas moins dans leur diversité un seul mouvement total, et ce n'est qu'un tel enchaînement qui communique à la conviction la plus haute certitude.

Sans doute, il reste malgré cela dans les rapports humains infiniment d'inachevé, même de contradictoire. Le mouvement en avant ne peut s'opérer sans que s'accentue l'opposition aux éléments étrangers et hostiles, sans que s'accroissent aussi au dedans de l'homme les contrastes et les contradictions. Le travail et la peine que nous dépenserons à chercher une solution exacte et commode ne pourront nous en rapprocher, nous nous en éloignerons plutôt. Mais les soucis et les doutes qui découlent d'une telle défectuosité ne peuvent le moins du monde ébranler le fait fondamental; et même la complication, les résistances, si dures soient-elles, ne sont propres qu'à le confirmer et à le rendre plus clair à la conscience. La tâche spirituelle elle-même, avec sa force de contrainte et son incomparable supériorité sur toute existence naturelle et sociale, est un fait fondamental de nature irréfutable et aussi, en fin de compte, irrésistible. Dès lors la description de Luther s'applique à notre vie considérée comme un tout: « Elle n'est pas encore faite et achevée, mais elle est en marche et en plein essor; ce n'est pas la fin, c'est le chemin qui y mène; tout n'est pas brillant et resplendissant, mais tout se clarifie. »

Voilà comment nous essayons de fonder la religion en partant de la vie spirituelle. On a souvent essayé de le faire par la méthode psychologique; la nôtre a ceci de commun avec celle-là, qu'elle part comme elle de l'homme intime et refuse de faire dériver la religion du dehors, de la constitution du monde qui nous entoure. Mais toute notre étude a montré à quel point elles diffèrent, en dépit de cette ressemblance. La méthode psychologique croit pouvoir atteindre le but en partant de l'expérience immédiate; celle que nous préconisons et qu'on peut appeler, pour la distinguer de l'autre, la méthode noologique, n'estime pas pouvoir venir à bout du problème sans un changement du premier aspect de la réalité et une transformation de la vie ; or il est nécessaire pour cela d'envisager le problème du monde et de recourir à la métaphysique. Ce n'est pas le goût des subtilités théorétiques, mais la nécessité de maintenir la vie de l'esprit, qui nous conduit à la métaphysique et nous empêche de l'écarter, si contraire que soit le principal courant de notre époque. Seulement nous demandons la permission de faire de la métaphysique à notre manière et nous dégageons notre responsabilité pour ce qui concerne d'anciennes formes, dont les lacunes ont fourni occasion aux adversaires de la métaphysique de la repousser en bloc.

Mais renoncer à fonder la religion sur la psychologie, cela ne signifie nullement déprécier la psychologie quand il s'agit de traiter scientifiquement de la religion. Car la psychologie a toujours la tâche importante de rechercher quelle forme spéciale prend dans l'expérience humaine la vie religieuse fondée par la concentration et la conversion de la vie naturelle, comment elle vient au jour chez l'individu et en général dans les rapports humains, comment elle trouve des points d'attache et croît en puissance. Le développement historique de la religion nous montre la vie de l'âme dans ce domaine se déployant d'une façon si particulière, il y dévoile tant d'aspects et de propriétés remarquables, que la psychologie a ici beaucoup à faire et à gagner, et que, pour éclaircir scientifiquement tout cela, une psychologie spéciale de la religion est nécessaire. Seulement il faut se garder de confondre tout à fait l'évolution particulière de la religion chez l'homme, bref la modalité humaine de la religion, avec son fondement générateur, de même qu'avec sa substance spirituelle. Sinon, nous sommes victimes du danger auquel a succombé si souvent la pensée moderne et qui a contribué pour une grande part à l'enfoncer dans le naturalisme ou le subjectivisme : nous prenons de simples conditions pour les forces créatrices et nous nous fermons par là les profondeurs de la réalité et le contenu de la vie.

En religion, comme en général dans le domaine de la vie spirituelle, on n'a pas d'abord un état de fait certain dont l'interprétation seule ferait question, c'est le fait lui-même qui constitue le problème capital ; toute occupation avec l'objet aboutit à cette question essentielle.

Aussi chaque essai spécial pour établir le fondement de la religion donne-t-il une image spéciale de la religion, et la controverse sur la méthode est en fin de compte une controverse sur le contenu de la religion. D'où il suit qu'il est impossible de fonder la religion, en partant d'une vie spirituelle reconnue dans son autonomie, sans postuler une religion de la vie spirituelle nettement délimitée dans différentes directions.

D'abord la chose principale et décisive, c'est ici le processus vital lui-même ; elle exige que toute diversité soit envisagée et appréciée du point de vue de l'ensemble et de l'intérieur. Cela n'empêche nullement d'admettre que, dans les conditions humaines, cette vie a besoin de s'incorporer dans des doctrines, des institutions, etc. ; mais celles-ci ne doivent pas devenir l'essentiel, il faut sans cesse les rapporter à la vie qui est au fond, les y mesurer, les transformer d'après elle, si l'on veut éviter que la religion s'extériorise et se pétrifie. Puis une religion de la vie spirituelle doit avoir un contenu spirituel, elle ne peut s'en tenir à des représentations et à des sentiments vagues, elle ne doit pas notamment tomber dans une dévotion aveugle qui adore sans connaître ce qu'elle adore, qui est exposée par conséquent à la superstition la plus grossière et qui en arrive à invoquer, même pour de graves délits, le secours de la divinité. La religion ne doit pas se contenter de rester étrangère à la superstition, elle doit s'y opposer dans tous les domaines de la vie, et dans maintes formes du christianisme il s'en faut qu'elle le fasse avec assez de décision.

Mais la religion de la vie spirituelle doit tout spécialement se distinguer d'une religion purement humaine. Ici apparaît un dilemme qui, à une observation superficielle, semble mettre en péril la religion tout entière. On ne peut fonder et développer la religion qu'en partant des expériences de la vie humaine ; ainsi, impossible d'en éliminer l'homme ; en religion l'homme projettera dans le Tout les mouvements et les formes de sa vie. Donc la religion sera forcément anthropomorphiste, elle manquera de chaleur et d'âme si, pour éviter l'anthropomorphisme, elle bâtit un système au moyen de concepts généraux abstraits, tels que l'unité, l'être, etc. Mais, d'autre part, l'anthropomorphisme lui est interdit. Car comment révélerait-elle la vérité en ployant la réalité à la mesure de la nature spéciale d'un être? Comment la religion élèverait-elle l'homme au-dessus de la pure humanité, si elle s'enfermait simplement dans la sphère humaine? Dilemme insoluble aussi longtemps qu'on se refuse à admettre en l'homme une dualité : un élément purement humain et un élément plus qu'humain. Or c'est ce que permet d'abord d'admettre la reconnaissance d'une vie spirituelle présente, avec son originalité, en l'homme. Maintenant il s'agit de renforcer l'un de ces éléments, de subordonner l'autre, il est possible de satisfaire à une exigence qui nous est présentée par toute l'histoire de la religion. Cette histoire est une dissociation croissante de la religion et de la simple humanité, un renforcement du contenu spirituel de la première. Certes, si partout au plus haut point de l'activité religieuse le but fut compris dans ce sens, si la conviction s'imposa qu'il ne s'agit pas de faire subsister et progresser dans un monde donné l'homme tel qu'il est, mais de le transformer entièrement, en lui ouvrant un monde nouveau, toutes les représentations et tous les buts humains devaient apparaître insuffisants, et malgré la proximité immédiate et le certitude de la substance de la vie nouvelle, toute expression humaine précise devenait une simple image et parabole. Mais la force d'exécution a souvent fait défaut à la vérité incontestée de la pensée générale ; souvent, dans la forme que prenait la religion, l'humain a refoulé le divin et l'a asservi à ses fins. Il n'est donc pas indifférent qu'une concentration plus énergique et une délimitation plus nette de la vie spirituelle à l'égard de l'homme prêtent plus de prise à la vérité générale, et qu'on aborde ainsi la tâche de reviser tout le contenu traditionnel de la religion pour voir combien il s'y mêle d'ingrédients purement humains, combien de concessions à des tendances et à des désirs purement humains, comment elle se contente de border l'existence humaine au lieu de construire un règne nouveau. Il faut faire ressortir davantage le fait que la religion ne promet pas à l'homme de sauvegarder son état de nature, mais sa substance spirituelle, qu'elle exige une grande scission dans sa vie et lui impose de lourds sacrifices. Si l'on atténue cette antithèse et si l'on en obscurcit le caractère si sérieux, la religion, malgré tout le respect extérieur, se changera aisément en un épicurisme délicat. Une critique pénétrante est donc nécessaire ; pourvu qu'elle soit exercée non du dehors, mais en partant de l'essence propre et des exigences de la religion, il n'y a point de danger qu'elle soit destructive.

Examinons encore en terminant une difficulté que le cours de nos recherches semble aggraver. Ce n'est que par une série ascendante de pensées que nous sommes parvenus au sommet où s'est révélée à nous la présence d'un monde nouveau. Cela n'est-il pas trop compliqué ? Une construction si artificielle ne dépouille-t-elle pas la religion de l'immédiateté intérieure sans laquelle elle ne peut atteindre son but ?

C'est ce que pourrait croire celui qui tiendrait pour simple le concept de l'immédiat et n'apercevrait pas les problèmes qu'il soulève. La vérité est que ce concept subit une transformation complète par suite du mouvement historique général. Au commencement, c'est l'évidence sensible qui paraît immédiatement sûre et certaine ; jamais la conscience naïve ne voudra se persuader que ce qui se laisse toucher et sentir ne forme pas la base de toute certitude. Mais plus le travail spirituel avance, mieux on voit combien cette évidence implique de conditions et d'intermédiaires d'ordre psychique, comment elle n'est que le résultat final de phénomènes complexes, combien le milieu qui nous entoure, en apparence si simple et si sûr, renferme de problèmes. Or l'existence sensible ne peut pas devenir ainsi un problème, et même un simple phénomène, sans que l'activité psychique soit reconnue davantage ; de plus en plus la vie intérieure, d'abord dispersée, se concentre en elle-même dans le cours de son mouvement et acquiert une unité dominante ; il devient toujours plus manifeste que cette unité forme le vrai siège de la vie et que c'est par rapport à elle que ce qui se donne pour vrai doit s'attester comme tel. Ce mouvement passe par delà la connaissance dans la vie tout entière ; de plus en plus le progrès de la culture va généralement du sensible au non-sensible et transfère la signification du sensible en l'envisageant non dans l'impression immédiate, mais en tant que moyen et expression d'efforts psychiques. Plus la vie devient autonome, plus elle s'affermit en elle-même, plus aussi son mouvement principal va non du dehors au dedans, mais du dedans au dehors et, pour employer une image kantienne, plus on se détourne du point de vue de Ptolémée vers celui de Copernic. Or en même temps, c'est le non-sensible que l'on considère comme immédiat et non le sensible ; c'est notre propre for intérieur qui nous devient à présent ce qu'il y a de plus proche et de plus certain, surtout dès qu'il se coordonne en un ensemble un et actif, en un tout, ainsi qu'il arrive lorsqu'on reconnaît la vie spirituelle. Cette inversion du concept de l'immédiat doit profiter aussi à la religion. Là où la vie spirituelle, avec son caractère immédiat, est reconnue comme ce qui existe de plus proche et de plus assuré au monde, l'immédiateté et la certitude de la religion sont élevées au-dessus de tout doute. Car la religion, nous l'avons vu, ne s'ajoute pas après coup à la vie spirituelle, elle lui est essentiellement et originairement conjointe; nous avons même vu en elle la condition fondamentale qui permet seule à l'homme d'atteindre la réalité. Aussi certaine est donc en nous l'existence d'une vie spirituelle autonome en face de la simple et pure humanité, aussi certaine est aussi la vérité de la religion. Or à cette autonomie tient tout l'objet de nos recherches et de notre estime, tout ce que nous honorons et apprécions; sans elle, il n'y a ni science ni morale; sans elle, les grandeurs qui se nomment personnalité et individualité deviennent des formules vides. Si l'ensemble s'écroule, nulle vérité ne saurait subsister sur un point isolé; mais plus une chose est étroitement reliée à l'ensemble de la vie, plus elle participera de sa certitude immédiate.

La religion lui appartient-elle aussi étroitement qu'il nous a semblé? Alors, nous ne devons pas entrer anxieusement en compromis avec les tendances superficielles de l'époque et nous contenter pour elle d'un degré inférieur de certitude, en disant, par exemple, que la subjectivité, en cette matière, ne se laisse pas totalement éliminer, que les vérités de la religion ne nous deviendront jamais aussi certaines que 2 et 2 font 4. Nous affirmons au contraire que celui-là se fait une idée mesquine de la religion, qui croit qu'il peut y avoir quelque chose de plus sûr qu'elle et qui ne revendique pas pour la religion une certitude plus primordiale que celle de 2 et 2 font 4. Seule une notion superficielle et fausse de la vérité est capable de mettre la certitude des parties au-dessus de celle du tout. Car toutes les vérités de détail présupposent une vérité intégrale, un royaume de la vérité ; si elles n'y ont pas leur fondement, elles deviennent de simples combinaisons de représentations qui pourraient être autres qu'elles ne sont et qui diffèrent peut-être suivant les individus. En définitive, c'est le tout qui forme la source de la certitude, ce n'est que du tout qu'elle se communique aux parties.

Ce qui donne à l'affirmation contraire une certaine apparence, mais seulement une apparence, c'est la distinction des vérités d'ordre personnel et des vérités d'ordre impersonnel. Il existe des vérités pour lesquelles la liaison des divers termes, l'établissement d'un jugement, peut se faire sans qu'on remonte à l'ensemble du mouvement vital ; il en est d'autres qui présupposent un tel ensemble et par suite exigent chez l'individu aussi un mouvement intérieur : ce sont les vérités personnelles, mais non simplement subjectives. Car ce mouvement n'est pas l'affaire de l'individu, mais de la vie spirituelle elle-même ; il n'est donc pas à côté de la réalité, mais en dedans. Dans ce sens la vérité, envisagée comme un tout, est d'ordre tout à fait personnel, elle renferme l'affirmation d'un royaume autonome à l'égard de toutes les opinions et de tous les désirs humains, ce qui fait qu'elle porte en soi une conviction intégrale qui ne se laisse imposer de force à personne, qui ne peut procéder que d'une expérience et d'une décision personnelles. En dehors de cette vérité personnelle et fondamentale, ce qui s'appelle vérité impersonnelle perd son caractère de vérité. On voit que la certitude de la religion n'est atteinte en aucune façon du fait que sa vérité porte un cachet personnel, c'est-à-dire exige que la vie entre en mouvement et en un mouvement personnel. La diversité de ses formes peut provoquer parmi les hommes des discussions incessantes à son sujet : quiconque reconnaît une vie spirituelle dominant les opinions et les dissensions humaines ne peut être effrayé par cette controverse ; elle ne fera que le confirmer dans la conviction que la vérité authentique ne se laisse offrir ni imposer du dehors, mais qu'elle constitue, en fin de compte, un acte du plus intime de l'être, une œuvre de liberté.

II

RELIGION ET HISTOIRE

Rien n'est si particulier au XIXe siècle que le progrès dans la manière d'envisager et de traiter toute chose du point de vue historique. Si le XVIIIe siècle fut appelé le siècle philosophique, le nom de siècle historique appartient à bon droit au XIXe. Il nous a placé dans un autre rapport avec la réalité, il a modifié à fond notre travail en considérant l'état actuel de l'existence comme le résultat d'un long mouvement et en nous apprenant à voir dans le présent un chaînon d'une chaîne ininterrompue. La conception historique des choses a conquis d'abord le domaine de la vie spirituelle ; ce ne sont pas les sciences naturelles qui l'ont introduite dans la philosophie, c'est celle-ci qui l'a introduite dans les sciences naturelles. Mais ces dernières l'ont rattachée plus étroitement aux données de l'expérience, l'ont rendue par là plus précise et plus pénétrante et lui ont assuré l'empire sur toutes les ramifications de la vie. Cela ne pouvait se produire sans modifier fortement l'aspect de notre vie, de notre pensée et de notre action, mais ces transformations eurent l'apparence d'un gain net quant à l'énergie et à la vérité de l'ensemble. Une base élargie, un mouvement plus puissant, une richesse incalculable de formations individuelles, en outre une vue plus claire, une faculté d'appréciation plus calme, un enchaînement plus étroit de tous les éléments de l'existence, enfin une impulsion à saisir le fil de la tradition et à le prolonger par nos propres forces, un appel à collaborer personnellement au grand œuvre universel : tout cela parut assurer à la nouvelle manière de penser une supériorité absolue sur toutes les anciennes conceptions.

Il est impossible à la religion de se soustraire à un changement de tant de portée; elle aussi doit concéder une certaine place à l'intelligence de l'être au moyen du devenir. Mais dans la religion, notamment dans sa forme chrétienne, un conflit particulièrement violent naît entre l'ancien et le nouveau, par le fait que l'ancien renferme une méthode historique spéciale, tout à fait différente de la moderne et à laquelle il semble inséparablement lié. Ici la religion descendait vers nous d'un sommet qui domine de haut toute capacité et toute activité humaines, auquel chacune des époques subséquentes devait regarder avec une vénération illimitée afin de s'orienter sur sa propre voie; ce sommet, un acte merveilleux, une révélation personnelle de Dieu l'avait posé dans l'existence humaine ; aussi nulle vicissitude des choses humaines ne pouvait-elle l'atteindre en quoi que ce fût. Conserver fidèlement dans sa forme inaltérée et maintenir présent à toutes les époques ce qui avait été acquis sur cette hauteur, telle devait paraître la tâche principale. Le regard demeurait donc tourné du côté du passé et il n'y avait à espérer, même pour le plus lointain avenir, aucun changement dans cet ordre de choses.

La méthode historique récemment acquise a ébranlé de la manière la plus grave cet ensemble de convictions, et l'action en fut d'autant plus pénétrante qu'elle avait coutume de s'exercer lentement et du dedans. Son effort pour relier plus étroitement les phénomènes entre eux s'étend jusqu'à ce suprême sommet; elle en scrute les alentours, elle montre que les points de communication n'y font pas défaut, elle amoindrit de plus en plus les distances. Finalement cette hauteur souveraine, même en continuant à dominer tout le reste, apparaît comme le point culminant d'un mouvement plus vaste, et par là même comme partie intégrante d'un tout plus ample, en sorte qu'il est impossible d'en discerner pleinement la nature si on la sépare de ce tout. Que si, après ce point culminant, nous considérons les plaines de l'histoire, les forces d'impulsion qui y agissent doivent aussi prendre un autre aspect : de plus en plus disparaît l'antithèse abrupte entre l'humain et le divin; l'humain est convié, lui aussi, à collaborer au grand œuvre, et tant qu'on reconnaît dans cet œuvre une vérité éternelle, il reçoit de ce chef un ennoblissement intime; quant au divin, il devient plus proche et plus familier à l'âme, et ainsi la vie paraît avoir gagné plus d'unité intérieure et la religion une base plus large.

De même que pour chaque religion la diversité des époques prend de la sorte une plus grande importance, de même les rapports réciproques des religions s'en trouvent modifiés à leur tour. Lorsque toute multiplicité a derrière elle un mouvement qui seul la fait comprendre, on ne saurait la juger suivant une alternative tranchante ; il est à présumer que chaque forme renferme une part quelconque de raison; la rigueur d'une conception absolue doit céder le pas aux atténuations d'une conception relative. On incline alors à considérer toutes les religions comme les ramifications d'une tendance générale, ramifications dont aucune n'est dépourvue de valeur, encore qu'elles ne soient pas toutes équivalentes. Donc intelligence plus ouverte de la richesse de la vie historique, communications réciproques et amicales plus faciles, conceptions et méthodes plus souples.

Mais l'action de l'historicisme ne se fait pas uniquement sentir dans la manière d'organiser les données de fait, elle s'étend aussi aux éléments, aux faits eux-mêmes. Et cela surtout par l'effet du développement et de l'application de la critique historique. A quel point, dans l'image qu'il se forme de son milieu et surtout dans l'image du passé, l'homme subit les influences de sa subjectivité, comment il arrange de lui-même son propre univers au moyen de ses idées et de ses opinions, de ses perceptions et de ses tendances, de ses désirs et de ses espérances personnels, voilà de quoi l'on n'a pris pleinement conscience que dans l'âge moderne. Or si les modernes sont, en conséquence, contraints de soumettre à l'examen le plus incisif toute tradition historique, attendu que la subjectivité exerce son influence modificatrice depuis l'admission initiale d'un fait à travers la série complète des intermédiaires, une telle tâche se fait particulièrement impérieuse à l'égard des faits historiques fondamentaux de la religion. Dans un domaine où le désir et l'espoir passionnés excitent en l'âme les troubles les plus orageux et où les souhaits du cœur se poétisent volontiers en images saisissables, où la force de l'impression totale empêche de juger sobrement du détail, il faut s'attendre à ce que la critique historique ait à faire une quantité de mises au point et de rectifications. C'est ce qui a eu lieu en réalité. Il nous a fallu renoncer à mainte chose que nous aimions et à quoi nous tenions, nous en avons été fort appauvris. En revanche, nous pouvons nous réjouir de ce que nous possédons, comme d'un bien beaucoup plus légitime ; et la vie aussi doit gagner en clarté et en vérité, si les formes dont elle s'occupe sortent nettement dessinées du brouillard dont une tradition ancienne les avait enveloppées.

Tout cela put sembler d'abord un profit net et c'en est un en réalité, tant qu'il ne s'agit que de science. Car il est incontestable que la matière a été clarifiée et plus régulièrement ordonnée. Reste à savoir si ce qui est un profit pour la science est aussi un profit pour la religion, et si leurs intérêts ne sont pas diamétralement opposés. La science vise à réduire toute diversité en un ensemble coordonné et continu : la religion n'est pas possible sans un contraste, sans une distinction nette du divin et de l'humain ; elle a besoin du sublime et de son pendant, la vénération ; or il n'y a pas de place pour ces concepts dans le monde de la science exacte. Ainsi la conception historique, par la lumière qu'elle projette sur les personnes et sur les événements, semble détruire en eux précisément ce qui en faisait des objets de vénération religieuse : le singulier, l'éminent, le merveilleux. C'est avec raison que notre grand poète a nommé le miracle l'enfant préféré de la foi ; une religion dépourvue de toute espèce de miracle est une contradiction en soi ; il ne s'agit que de savoir ce qu'il convient d'entendre par miracle. Or la science exacte ne tolère le miracle dans aucun sens du terme.

La marche et les succès de la critique historique posent à nos yeux le problème avec une pleine clarté ; son pénible et minutieux labeur a fini par en déterminer une révolution générale. D'après la conviction ancienne, l'histoire sacrée se séparait nettement de la profane, comme la paix d'un temple consacré contraste avec le va-et-vient de la vie quotidienne ; on ne pouvait s'étonner que les événements y suivissent un autre cours, qu'un ordre supraterrestre, avec des effets miraculeux, s'y manifestât à nous. Ici les mesures étaient plus grandes, les oppositions plus tranchées, la nature des événements portait la marque d'un contraste plus fortement accusé. Toute la hauteur supraterrestre que la foi avait attribuée à ces phénomènes, on croyait la percevoir immédiatement en eux ; l'éclat qui en rayonnait ne permettait nulle analyse de l'impression totale, nul examen critique des différents récits. Aussi ne voyait-on dans la tradition ni lacunes, ni incohérences, ni contradictions, et elle agissait tout entière, dans une unité intacte, sur toute l'âme.

Vint la critique historique, qui s'assujettit aussi ce domaine. Déjà le fait qu'elle usait ici du même procédé qu'à propos de toute autre histoire fut contraire à la distinction qui dominait jusqu'à ce moment les esprits; l'une et l'autre histoire se trouvaient ainsi placées au même niveau et traitées comme parties d'un tout plus considérable. Et plus l'effort se convertit en travail, plus aussi s'effaça le nimbe qui avait entouré jusqu'alors les personnages et les événements de l'histoire sainte, et la claire lumière du jour montra une image différente, sous plus d'un rapport, de celle que nous avions cru voir auparavant. Il n'est plus permis de méconnaître à quel point sont mal accrédités certains objets sur lesquels nous bâtissons en confiance, combien récits et conceptions s'écartent souvent les uns des autres ou même se contredisent, et cela non seulement pour l'accessoire, mais pour l'essentiel. Mais là même où ce qui passait pour certain se retrouve dans le résultat, il y a néanmoins quelque chose de changé. Car les faits ont perdu le caractère d'évidence immédiate auquel tient en partie la force de leur action. Que la matière en question exige un travail rationnel compliqué, qu'il nous faille traverser bien des scrupules et des doutes avant de nous en rendre maîtres à nouveau, cela prouve qu'elle est devenue différente de ce qu'elle était et que, malgré tout ce que nous avons pu gagner en perspicacité, elle est plus éloignée de nos prises.

Il importe de considérer aussi qu'en matière historique, voir une chose avec plus de précision équivaut à la distinguer de nous, partant à en affaiblir l'influence immédiate sur notre vie, sinon à l'empêcher totalement. Le sujet et l'objet ne se trouvent plus alors dans une sphère commune de l'existence, ils sont écartés l'un de l'autre, nous ne pouvons plus identifier l'objet avec notre propre vie, y transporter sans scrupule notre propre manière d'être, ainsi que cela se faisait auparavant. Avec quelle candeur la Renaissance et les Hollandais n'ont-ils pas prêté aux personnages sacrés les formes et les vêtements de leur époque et ne les ont-ils pas ainsi introduits au sein de leur propre vie ! Aujourd'hui aussi on fait avec les meilleures intentions des tentatives de ce genre, mais elles ne réussissent qu'imparfaitement, parce que la foi certaine fait défaut, qui mêle le divin à l'humain et élève l'humain jusqu'au divin. Seul un élément d'éternité peut relier les temps ; or dans tous nos combats et tous nos doutes cet élément s'est atténué à nos yeux. Mais si l'histoire sainte, elle aussi, ne nous présente rien que d'humain, la question se pose inévitable : cet objet temporel si éloigné de nous extérieurement est-il encore de nature à produire en nous une profonde émotion, à nous faire accomplir des progrès essentiels, ou bien ne perd-il pas nécessairement sa signification religieuse?

Plus grand encore est le danger qui naît pour la religion du groupement des faits en un courant vital universel. Nous avons vu la nouvelle manière de penser rapprocher l'un de l'autre le divin et l'humain; il n'y a qu'un pas de plus à faire pour absorber dans l'humain tout ce qui passait auparavant pour un effet du divin, pour faire de la religion une simple portion de la culture générale et lui enlever toute supériorité en échange de ses évolutions et transformations. Il en résulte d'abord une pressante menace pour le caractère de vérité absolue auquel la religion ne saurait renoncer; toujours davantage l'éternel est assujetti au temps et finalement absorbé par lui. La chose n'a lieu que par degrés, mais aussi longtemps qu'il ne s'exerce aucune action contraire et plus forte, tout doit concourir à cette dissolution. On commence par déclarer que la religion doit présenter la vérité à chaque époque en se conformant aux tendances particulières de celle-ci, pour pouvoir agir pleinement sur elle: prétention assurément légitime en soi, mais qui n'est pourtant pas inoffensive, tant que les limites entre les affirmations de la religion et les exigences de l'époque ne sont pas nettement déterminées. Puis la prétention s'accroît, on exige que la religion corresponde en général à la situation de l'époque et résulte de son mouvement; elle ne doit pas, dit-on, se modeler sur un passé mort, mais sur un présent vivant, afin d'être la force propulsive de notre vie. Mais les époques se succèdent et les exigences changent; beaucoup de choses jadis vénérées sont devenues de pures superstitions; qui nous garantit qu'un jour il n'en adviendra pas de même de nos propres convictions? Au surplus, la religion, en tant que simple produit d'une époque, peut-elle réagir puissamment contre cette époque? Renoncer à une vérité éternelle, n'est-ce pas renoncer pour la religion au pouvoir de juger et d'élever?

Ainsi, en s'abandonnant tout entière au temps, la religion risque de devenir une pure apparence, une ombre. Mais même cette modeste existence ne lui demeure pas incontestée. Le progrès de la conception historique des choses, avec son relativisme, nous amène à la fin en face de la question : la religion dans son entier ne serait-elle pas un phénomène transitoire, une « catégorie historique », une phase d'évolution que l'humanité doit traverser, mais qu'elle a définitivement traversée?

Le positivisme a formulé avec précision cette idée ; pour lui la religion est une interprétation anthropomorphiste du Tout, interprétation nécessaire à l'origine pour donner le branle à la vie spirituelle, mais qui devait céder peu à peu le pas à une pensée scientifique, objective, positive, dont le triomphe complet ne fait plus à présent l'objet d'aucun doute. Aussi ce qui subsiste aujourd'hui en fait de religion n'est-il que le débris d'un lointain passé : rien d'étonnant si cela nous a l'air étrange. — Tel est le raisonnement du positivisme. Bien qu'appartenant d'abord à une école particulière, il en dépasse de beaucoup les cadres et influe sur la vie commune ; en admettant jusqu'à un certain point la légitimité de la religion, il lui est bien plus dangereux que les attaques du XVIIIme siècle qui la rabaissait grossièrement à n'être que la création artificielle de potentats rusés et de prêtres fourbes.

Donc, de par l'historicisme, la religion paraît condamnée à l'anéantissement ; on ne discerne à première vue nul moyen de résister au courant du devenir qui l'attire à soi et la dissout. Mais l'ennemi de la religion triompherait cependant trop tôt en la croyant définitivement abolie de la sorte et en opposant à sa volatilisation les acquisitions prétendues intangibles de la culture. Nous n'avons qu'à regarder un peu plus avant, à approfondir un peu le problème, pour nous apercevoir que l'ébranlement résultant d'une manière de penser qui ne tient compte que du temps ne demeure pas limité à la religion, mais qu'il atteint plutôt en général la vie, et mine aussi les positions de la science, qui inspiraient tant de sécurité.

Poursuivie jusqu'au bout et non arrêtée arbitrairement à mi-chemin, la transformation complète de la réalité en un courant du devenir détruit toute vérité et tout contenu de la vie ; elle fait de la réalité elle-même un fugitif royaume des ombres. La vérité, dans tous les sens du terme, n'est possible que si l'on s'élève au-dessus du temps, en opposition aux vicissitudes du temps. Si nous n'avons rien à opposer au temps, l'homme seul et l'opinion humaine décident de ce qui doit nous sembler juste et vrai, toute norme tombe qui pourrait mesurer son pouvoir, à l'aide de laquelle il pourrait se dégager de l'arbitraire et de la fantaisie. Toute donnée stable doit se dissoudre, et plus cette dissolution avance, plus aussi le temps doit se fractionner en moments isolés, plus la vérité temporelle devient une opinion fuyante et transitoire. N'avons-nous pas assez péniblement éprouvé au XIXme siècle les rapides revirements des dispositions et des appréciations ? Regardons seulement à l'histoire de l'art : avec quelle rapidité se sont succédé les vagues du goût ! comme on s'empressait de taxer d'erreur et de folie ce qu'on saluait peu auparavant comme un essor vers des hauteurs nouvelles ! Les inconvénients de ces vicissitudes échappent à l'individu parce qu'il ne pense qu'à lui et à l'instant présent ; ici précisément la vérité lui semble acquise ; ce qui, juste maintenant, passe pour « moderne » a l'air de l'emporter de beaucoup sur tout le reste. Mais que sa pensée aille un peu plus loin, qu'il se dise que ce qu'il vénère aujourd'hui comme moderne sera tantôt jugé surpassé et suranné et que ce qui le surpassera aura précisément le même sort, et qu'il en sera ainsi à perpétuité sans qu'on obtienne jamais, au prix d'une indicible peine, rien de stable, rien de permanent. Dans ces conditions, tout travail ne devient-il pas vain, et en présence d'un tel néant, peut-il subsister un penchant vital quelconque, une joie quelconque d'agir et de créer ? Et qu'en est-il, avec ce tour de pensée, de la réalité tout entière ? Une simple alternance de situations, une série d'ascensions et de chutes, une flamme qui ne s'allume que pour s'éteindre, rien qui subsiste, qui ait un sens, nul résultat dans l'ensemble. Métamorphoser la réalité en un flux de phénomènes, c'est en faire quelque chose de fantomatique, intermédiaire entre l'être et le non-être; tout est rattaché au fil ténu du devenir; ce qui en tombe, tombe dans l'abîme du néant où s'engloutissent tous les biens et toutes les fins de l'humanité. Il n'y a donc ici nulle vie véritable, mais seulement un vouloir vivre, une aspiration haletante à cette vie qu'on n'atteint pourtant jamais. Nul n'a éprouvé plus fortement que les Indous le néant d'une telle vie, tombée dans les flots du devenir; ils faisaient crier aux vivants par les esprits des morts: « Nous fûmes ce que vous êtes, vous serez ce que nous sommes ». Mais n'éprouvons-nous pas toujours davantage aussi à l'heure actuelle la contradiction interne, l'inanité d'une vie semblable? Au sein des brillants succès extérieurs, aurions-nous tout au fond de l'âme si peu de joie, si nous ne commencions à douter du sens du tout, si nous ne regrettions douloureusement, parmi toutes nos agitations, un ferme appui, une vérité supérieure?

Or ce regret même atteste que nous ne sommes pas entièrement absorbés dans le courant et dans le moment; si quelque chose en nous ne nous soulevait au-dessus de l'instant fugitif et ne nous contraignait à chercher plus que sa satisfaction, nous ressemblerions à de simples éphémères et notre état ne nous causerait point de malaise. Mais le besoin de fixité et de stabilité, voire d'éternité, ne demeure pas une vague disposition, il peut passer en acte et en fait : c'est ce que montre avec une clarté spéciale l'adversaire en apparence le plus décidé de toute permanence, l'histoire elle-même, pour autant qu'elle est conçue comme une œuvre proprement humaine, et suffisamment distinguée de ce qui s'appelle histoire au sens plus large. Si la conception historique s'est emparée du domaine de la nature, notamment en s'aidant de la doctrine de l'évolution, cela ne devrait pas nous faire perdre de vue que l'histoire extérieure et l'histoire, telle qu'elle se déroule sur les hauteurs du monde spirituel, sont choses totalement différentes. Au dehors s'accomplit dans le cours des temps une graduelle accumulation d'effets, les menus détails prennent de l'importance par leur addition, la coïncidence et l'entrecroisement des forces produisent des formes compliquées et différenciées. La géologie moderne nous montre clairement cela. Nous avons derrière nous un long développement et l'état actuel ne nous devient transparent que si nous parcourons toute la série. Mais la nature elle-même n'a pas traversé toute la série, il n'y a eu nulle métamorphose de la diversité en une vie propre, les choses se sont surajoutées les unes aux autres, mais le lien entre elles est demeuré tout extérieur.

Il en va autrement chez l'homme, dans la mesure où il dépasse la simple nature et élève en face d'elle un règne de la culture. Car il n'y a point de culture sans un effort pour soustraire à l'oubli croissant et pour conserver présents certains événements, certains faits, certaines personnalités ; il n'y a pas de culture sans une lutte contre le temps et son action destructive. Cet effort peut sembler d'abord se borner à transmettre par tradition quelques événements remarquables, mais ensuite c'est aussi le produit de la vie intérieure, religion, droit, etc., qui se consolide sous la forme de la coutume, et il se forme de la sorte un lien des temps, la vie s'alimente toujours moins du simple moment, le présent s'incorpore toujours davantage le passé et il échappe du coup aux désirs changeants et aux caprices du jour.

Mais la pleine particularité de cette considération de l'histoire par le côté humain ne se révèle que si, du caractère d'un peuple, on l'étend à l'humanité entière. On voit alors manifestement que, passant tout contact extérieur, une unité intérieure joint les hommes entre eux, et que le mouvement historique n'abolit pas une certaine fixité. Des monuments énigmatiques, d'obscurs documents littéraires surgissent des décombres de cités à moitié oubliées ; si, malgré la difficulté, nous essayons de les déchiffrer et si nous y réussissons, qu'est-ce qui nous y incite et qu'est-ce que cela prouve, sinon le fait que l'organisation spirituelle est demeurée la même, que tout le mouvement des temps n'a point modifié notre intellect, que le même désir de bonheur nous anime, que nos sentiments et nos tendances, sous leur revêtement changeant, ont gardé leur essence? Mais nous ne désirons pas seulement comprendre le passé, nous voulons aussi en tirer, tirer notamment des points culminants de son activité, un profit pour notre propre vie; nous nous y efforçons, persuadés que quelque chose de précieux est apparu sur ces sommets, quelque chose qui peut de là se communiquer à nous et que nous aurions été nous-mêmes incapables de produire. C'est ainsi que nous nous emparons avec respect de la culture grecque à son apogée, des commencements du christianisme, de l'essor des temps modernes, etc.; comment le pourrions-nous, si nous n'étions convaincus qu'ils n'appartiennent pas simplement au temps, qu'il y a là une action supratemporelle qui peut se communiquer à tous les temps? Réunissons ces différents points: il en ressort une image de l'histoire et de notre rapport à l'histoire, tout autre que celle que nous avions tout à l'heure et dont la mutabilité mettait toute vérité en péril. L'histoire n'est plus une agitation dans le temps, elle devient une victoire sur le temps, un effort pour faire surgir des combats et des fatigues temporels, sous la distinction du périssable et de l'impérissable, un règne de la vérité, et pour y rattacher notre propre vie ainsi qu'à une constellation fixe ; sous un tel rapport, s'occuper du passé n'est pas fuir du présent dans un âge lointain et étranger, c'est s'efforcer, avec l'aide de tous les temps, d'élaborer un présent supratemporel. Il serait impossible d'unir ainsi ce qui nous est propre avec ce qui nous est étranger, si à travers l'un et l'autre n'opérait le même ordre éternel, et si le fond le plus intime de l'être humain ne plongeait dans cet ordre éternel.

Or tout ce que nous cherchons et trouvons dans une telle éternité flotte en l'air sans s'agréger en un tout, à moins d'y reconnaître une variété nouvelle de l'être et de la vie ayant son fondement en elle-même. Et cela se produit par l'autonomie de la vie spirituelle, c'est-à-dire, à notre sens, de la réalité se constituant dans son indépendance et sa profondeur originale. Déjà le premier aspect de la vie spirituelle ne permet pas de douter qu'elle n'affirme l'indépendance à l'égard du temps de tout ce qu'elle déploie de vrai et de bon. Sans une telle transcendance, l'effort de nature spirituelle manquerait de consistance et deviendrait un simple moyen en vue de fins humaines; ce n'est qu'avec elle qu'il peut se proposer des buts particuliers et agir avec une énergie particulière pour élever l'homme intérieurement. Nous pouvons nous représenter sous les idées du vrai et du bien des choses fort différentes, mais l'effort même pour les réaliser serait paralysé radicalement, si nous ne les estimions soustraites à toute vicissitude de situation et d'opinion humaines, en tant qu'elles représentent un ordre de choses nouveau et intemporel. Plus nous concevons la vie spirituelle comme un tout et plus nous la comprenons comme un nouveau degré de la réalité, plus il devient manifeste qu'elle constitue un règne indépendant de vérité éternelle, en opposition aux changements et aux vicissitudes des phénomènes temporels, et qu'elle seule donne à la vie humaine une base ferme.

Telle est, il est vrai, la situation de l'homme: cet ordre éternel où son être doit avoir son fondement ultime ne lui apparaît pas dans une forme achevée; il ne lui révèle son contenu que par la lutte, le travail et l'expérience de l'histoire. Le fait fondamental lui-même pose un problème difficile, voire le plus difficile de tous. Que quelque chose d'éternel se révèle dans l'histoire, qu'elle soit tout entière une lutte pour l'éternel, cela, et cela seul, lui donne une valeur; cela seul la rend possible, au sens proprement humain. Abstraction faite de cet élément éternel, la succession des choses humaines, les progrès et la décadence des peuples et des individus ne mériteraient pas le nom d'histoire, quelques prétentions qu'on élève à cet égard. Dans une pareille conception, tout travail historique véritable devient un effort pour s'élever au-dessus de la simple histoire, pour rejeter ce qu'elle contient de purement temporel et pour pénétrer dans les profondeurs où, dominant les contrastes et les différences des temps, peut se former une communion intime de vie. Nous n'enchaînerons donc pas, à la manière ancienne, le mouvement spirituel à un point unique de l'histoire, nous n'aurons garde de l'immobiliser ainsi ; mais nous ne ferons pas non plus, avec les modernes, des variations successives la chose principale, sacrifiant par là le rapport avec l'éternel ; nous concevrons l'ensemble comme le déploiement d'un ordre éternel, et à travers toute son étendue, c'est à l'éternel que nous tendrons. On peut espérer de cette façon faire droit au temps aussi bien qu'à l'éternité, et du même coup, au lieu de poser en antinomie un mouvement libre et un fond permanent, bref la liberté et la profondeur, les maintenir l'une et l'autre pour leur avantage réciproque.

Si une histoire de nature spirituelle exige ainsi pour subsister une vérité éternelle, la religion et l'histoire peuvent donc entretenir des rapports plus amicaux qu'il ne semblait jusqu'à présent. D'abord il n'est pas douteux que le caractère supratemporel du travail de l'esprit n'atteigne dans la religion une force et une clarté particulières. Plus que toute autre chose, la religion concentre la vie en un tout, la met en rapport avec l'ensemble du monde et lui assigne des fins ultimes; c'est en elle principalement que se détermine le rapport fondamental de l'homme avec la réalité; en elle ou nulle part la vie spirituelle revêt un cachet bien distinct, et la chaîne entière des temps doit servir à une tâche unique, supratemporelle. Mais la religion n'implique pas moins une pénétration dans le temps qu'une élévation au-dessus du temps. Car la vérité fondamentale dont dépend son existence ou sa ruine, c'est que le divin, dans son essence inaltérée et avec une vivante énergie, est présent au sein de l'existence temporelle et humaine, en opposition avec ce qui la constitue d'abord. Et plus le divin paraît élevé, plus il est nécessaire aussi d'élever l'homme, de lui présenter, pour contrebalancer les impressions déprimantes de l'expérience sensible et de l'expérience sociale, une vue claire de l'éternelle vérité telle qu'elle se réalise par le labeur de l'histoire. Mais il en résulte aussi qu'il faut faire une place libre à la variété et à la diversité des époques, et l'on comprend qu'il y ait un mouvement historique, même dans le domaine religieux. La religion ne peut agir sur l'homme qu'en entrant dans la forme spéciale d'existence de celui-ci ; elle admet donc aussi en soi un moment temporel et doit participer aux vicissitudes des temps ; elle aussi ne peut rendre sa vérité pleinement assimilable à l'homme que peu à peu, dans le temps. Ce n'est pas à dire qu'elle tombe par là, dans sa substance, sous la domination du temps ; en vertu de cette substance, elle ne saurait cesser d'examiner et d'épurer tout ce que le temps met au jour et, partant de la certitude inébranlable de la vérité possédée, de s'opposer à tout ce qui méconnaît cette vérité ou la défigure. Par conséquent, si la religion, sous sa forme phénoménale, doit correspondre à la situation générale de chaque époque, il ne faut pas qu'elle renonce à juger ce qui, dans le chaos du temps, appartient à son essence véritable et fait présumer un rapport à la vérité. Ce n'est qu'à titre d'auxiliaire de la vérité que le temps peut avoir une valeur pour la religion comme pour la vie spirituelle ; mais ainsi compris, il doit nous être précieux et indispensable, parce que nous ne pouvons nous emparer pleinement qu'à travers le mouvement historique, de l'élément éternel où notre être plonge ses racines.

Ces considérations expliquent aussi pourquoi certaines époques et certaines personnalités peuvent acquérir, principalement en religion, une importance spéciale et une valeur permanente. Si ce que l'existence humaine contient de spiritualité ne constitue en général qu'une modeste adjonction à des phénomènes d'une nature différente, et si les époques de création originale ne sont que de rares jours de fête et de solennité, ce contraste avec la moyenne de l'existence atteint en religion sa suprême intensité. Nulle part mieux qu'en religion on n'aperçoit qu'on ne saurait franchir certaines limites en accumulant les actions d'ordre moyen, nulle part la grandeur n'apparait davantage comme une manifestation immédiate, une révélation d'un ordre supérieur. Elle ne va pas, il est vrai, sans un milieu historique qui lui impose certaines conditions, lui prête une certaine couleur locale et influe d'une façon particulière sur son mode d'action. Mais il ne s'ensuit pas que sa substance spirituelle soit un simple produit de l'époque ; elle est bien plutôt en opposition directe avec elle, et elle l'élève à une hauteur qu'il lui serait impossible d'atteindre autrement. En un temps de violentes luttes de parti et de culture raffinée, Jésus a non seulement proclamé, mais incarné en lui un monde de paix profonde et d'enfantine pureté. Le propre de la grandeur qui paraissait en lui ne consistait pas en certaines doctrines, certains sentiments ou certaines exigences; toutes les manifestations vitales de ce genre peuvent aussi se trouver dans l'époque, et, de ce point de vue, la grandeur peut être considérée comme un simple agrégat, ainsi qu'une perspicacité mesquine ne se lasse point de le démontrer. Mais si elle n'était rien d'autre qu'une combinaison, comment se fait-il que d'un point particulier — par exemple les débuts du christianisme — soit parti un mouvement si puissant, que de vieux idéals se soient écroulés et que de nouveaux aient surgi, que l'équilibre antérieur de la vie se soit rompu et que les mesures en usage soient devenues insuffisantes, que l'humanité ait été prise d'une puissante aspiration et d'une orageuse inquiétude qui depuis des milliers d'années ne veulent point s'apaiser? Il y a là pourtant une preuve que des profondeurs nouvelles se sont ouvertes, que des mouvements nouveaux sont entrés en branle, disons même que l'ensemble d'un ordre supérieur est devenu merveilleusement proche et familier, en acquérant en même temps une force victorieuse de pénétration. Celui qui, convaincu de l'autonomie d'une vie spirituelle supérieure, s'entend, en vertu de cette conviction, à distinguer une telle substance spirituelle de sa forme temporelle d'existence, peut reconnaître pleinement que cette grandeur, en se précisant, est conditionnée par l'époque, et réclamer pour son mouvement ultérieur une complète liberté ; mais d'autre part, il pourra garder un rapport étroit avec la substance spirituelle et espérer en tirer une vie nouvelle. Car, dans ce domaine, rien n'est capable d'agir plus fortement que la représentation vivante d'une force originale et de la constitution caractéristique de la vie spirituelle en un monde qui a son fondement en lui-même. Si nous reconnaissons ici une unité incomparable qui donne à la vie, dans toute son étendue, une façon particulière, la critique historique, si tranchante soit-elle, ne saurait entamer ce fait primordial et fondamental ; elle peut excéder son pouvoir et se donner tort en voulant dériver de la pluralité l'unité, du milieu ambiant ce qui est autonome, l'action de ses conditions, en oubliant qu'autre chose est de recueillir les matériaux pour construire le bûcher, autre chose de faire jaillir l'étincelle spirituelle seule capable d'y allumer la flamme. Tout faire rentrer dans un seul enchaînement causal, cela revient à niveler l'existence, à détruire non seulement la religion, mais encore toute spiritualité supranaturelle et partant toute vraie culture de l'esprit.

Notre distinction nette entre la substance et l'existence de la religion permet de concilier avec la stabilité d'une vérité éternelle la liberté d'un mouvement historique; il en résulte également une manière de traiter l'histoire qui nous élève au-dessus des dangers et des limites de toutes les autres. La tendance moderne à fonder la vie sur l'histoire constituait dès l'origine un péril pour le plein déploiement de l'activité personnelle, et ce péril n'a fait que grandir. Cette tendance, par opposition à l'« Aufklärung », visait à donner à la vie une base plus large, à incorporer les moments et les individus dans des organisations plus vastes et plus fixes, à rendre la vie et l'action plus pleines, plus individuelles, plus variées. On supposait tacitement en cela que la raison règne dans l'histoire et qu'elle afflue, inaltérée, chez tous ceux qui lui présentent un sens ouvert et s'y abandonnent avec candeur.

Or non seulement cette raison nous est devenue par la suite de plus en plus douteuse, mais encore le rapport du présent au passé nous révèle des complications plus grandes que ne supposait cette manière de voir. Dans toute l'étendue de la vie spirituelle, une époque ne sort pas d'une autre en toute sûreté et tranquillité, comme par une croissance organique, mais de même que la vie spirituelle tombe en une rapide décadence lorsqu'elle n'est pas sans cesse engendrée à nouveau, de même le présent doit se préparer lui-même, en définitive, sa propre vie ; il ne trouve établi d'avance nul rapport fixe avec le passé, il faut qu'il le cherche toujours à nouveau ; et même l'image du passé, avec tout ce qu'il paraît renfermer de précieux, prendra pour le présent un aspect différent suivant ce qu'il saisira comme la vérité, dans sa propre conviction. Spirituellement parlant, le passé n'est donc nullement achevé, le mouvement du présent peut toujours y découvrir, y susciter du nouveau, le passé aussi est encore en cours.

Mais ce droit supérieur du présent, d'un présent qui, par delà le moment, regarde à une vérité qui embrasse les temps, est très gravement amoindri par un historicisme exclusif. L'immense afflux et la représentation frappante des formes du passé relèguent à l'arrière-plan la question touchant la vérité du tout ; ce qui se présente à nous avec une ample réalité, nous le vénérons volontiers comme rationnel ; nous nous y laissons gagner d'autant plus facilement que l'esprit et la raison semblent affluer de l'histoire sans effort de notre part. Nous sommes induits toujours davantage à une molle complaisance, à une attitude passive, et nous courons finalement le risque de perdre tout penchant à vivre d'une vie propre et de devenir les caudataires obligeants de temps qui nous sont étrangers. Avec un diligent labeur et une habileté admirable, nous nous plaçons au point de vue d'époques révolues, nous cherchons à comprendre leurs motifs, à prouver leurs droits, nous nous identifions avec elles par la pensée et par la vie, au point qu'elles deviennent presque notre propriété personnelle. Et nous oublions que, si appréciable que soit tout cela pour la science, il n'y a pas là de quoi remplacer jamais une vie qui nous soit propre, que nous n'atteignons sur cette voie, au lieu d'une vie intégrale et véritable, qu'une vie partielle, un semblant de vie, que la richesse débordante de cette possession historique nous laisse dépouillés et pauvres au centre intime de notre être. Des images à la place des choses, le savoir substitué à la conviction, l'érudition tenant lieu de vie personnelle, voilà le résultat final. Tel est cet historicisme énervant qui déprime aujourd'hui la vie vie spirituelle — surtout sans doute chez nous autres Allemands — et qui est d'autant plus dangereux qu'il tient de la manière la plus étroite à de grands avantages de notre nature.

Mais y a-t-il en ces matières un danger dont on ne pût en dire autant ?

Or s'il s'agit de dépasser l'historicisme avec son abandon du présent, si le XXe siècle doit surmonter l'antithèse d'une conception rationnelle et d'une conception historique des choses, telle qu'elle était posée aux deux derniers siècles, cela pourra-t-il se faire à moins de donner à l'histoire le fondement d'un ordre éternel et de la concevoir comme le déploiement de cet ordre pour la position de l'humanité ? Comment l'histoire pourrait-elle autrement avoir pour nous du prix sans devenir cependant l'essentiel de notre vie ?

Si l'abandon sans résistance à l'histoire menace la vie d'un affaissement intérieur, des dangers d'une autre sorte apparaissent, lorsqu'on reconnait l'action d'une vérité suprahistorique au sein de l'histoire, mais qu'on la rattache à un point unique d'où elle s'étend ensuite à tout le reste. Ceci était particulier à l'ancienne forme de la religion, surtout dans le christianisme, et cette manière ancienne pénètre tellement notre vie qu'il faut la discuter ici de plus près. — Cette ancienne manière de penser, subordonnant toute diversité à un seul point saillant, peut en appeler au fait que la religion a sa propre et spéciale histoire, laquelle est absolument inconciliable avec une ascension continue par l'effet d'un développement naturel des choses. Nous voyons tous très clairement qu'il n'y a création et formation religieuses que sur des points fort isolés, par la concordance de causes et de circonstances variées, et que, du point de vue intérieur, ces événements résultent toujours d'un effort énergique pour s'élever au-dessus de la situation donnée. Et comme le point d'éruption manifeste la plus grande énergie et l'expression la plus pure, on a pu croire qu'en religion la tâche principale consistait à se maintenir à la hauteur atteinte, en variant le moins possible, à y revenir toujours après les décadences inévitables dans les conditions humaines et à puiser toujours à nouveau à la vie qui y est ouverte, ainsi qu'à une source intarissable. L'histoire pouvait ainsi apparaître comme un incessant retour à la vérité ancienne, non comme un progrès vers une vérité nouvelle. De fait, ce sont les premiers débuts des religions qui leur ont conféré leur caractère propre et ont déterminé pour toujours leur direction principale.

Il y a là assurément une bonne part de vérité. Seule une pensée superficielle est capable de méconnaître et d'obscurcir la différence entre une histoire de la religion et une histoire conçue comme évolution naturelle. Mais cette idée de l'histoire ne posséderait un droit exclusif que si le cours des siècles n'apportait rien de nouveau pour les questions vitales et essentielles dont s'occupe la religion, si sur ce point toute la vie n'était qu'un flux et un reflux d'opinions et de sentiments humains qui ne pourraient avoir la moindre prise sur l'inébranlable rocher de la vérité. Ce ne serait pas seulement alors le contenu spirituel, ce serait aussi le vêtement temporel de la religion qui devrait participer à cette stabilité, ou plutôt, étant donné ce fait fondamental, il faudrait rejeter comme préjudiciable au divin toute distinction entre le contenu et l'enveloppe.

On a longtemps pensé ainsi ; nous ne le pouvons plus aujourd'hui. L'ensemble de la conception historique, avec ses vues plus précises et ses distinctions plus tranchées, nous a impérieusement obligés à séparer ce qui est éternel de ce qui est historique, la substance, de l'existence ; nous ne pouvons non plus admettre comme éternels et divins les débuts dans leur entier ; il nous faut d'abord chercher et mettre au jour ce qu'il y avait en eux d'éternel et de divin, afin de ne pas confondre, en acceptant aveuglément leur contenu, le temporel avec l'éternel et nuire par là précisément à ce que nous voulons exalter.

Ces considérations se trouvent renforcées si

la religion, comme cela est apparu nécessaire, est mise en relation étroite avec l'ensemble de la vie spirituelle, et si de plus, dans l'action de cette vie en l'homme, on reconnaît au cours de l'histoire des progrès essentiels. Ces progrès, il est vrai, ne s'étendent pas à toute la surface de l'existence, ils n'agissent d'abord que comme postulats et même comme possibilités; mais déjà comme questions posées et tâches à réaliser, ils forment une puissance considérable, non pas tant pour les individus et les masses que pour l'ensemble complexe du travail spirituel, qui de plus en plus s'est détaché de la subjectivité humaine et ne se remettra jamais sous son pouvoir. De cette série de développements résulte un état historique du travail que l'individu peut ignorer, mais sur lequel doit se mettre au clair tout ce qui vise à accroître l'avoir spirituel de l'humanité et à élever l'homme intérieurement.

Si, depuis la fondation d'une religion, des modifications essentielles se sont produites dans les formes de la vie spirituelle, il doit être extrêmement préjudiciable à cette religion de maintenir invariable son mode ancien, et de lier ainsi l'élément éternel dont nous avons besoin à un mode temporel que nous sommes contraints de rejeter. Car ce qui nous porte à le dépasser, ce n'est pas une simple opinion et tendance humaine, incrédulité ou présomption, c'est une nécessité de la vie spirituelle à laquelle nous n'avons pas le droit de nous soustraire. Cette liaison risque de rétrécir la vie, de comprimer la conviction, de nous rendre étranger ce qui devrait nous être le plus proche. Mais le danger capital, c'est la tension et la scission qui en résultent entre la religion et le travail spirituel ; de plus en plus la religion menace de demeurer en arrière de celui-ci et de finir par s'en séparer tout à fait; elle risque ainsi d'apparaître comme le produit d'un degré inférieur de la vie dépassé par le mouvement historique, comme une œuvre purement humaine, incapable de se maintenir sur le terrain de la vie spirituelle. Que depuis l'établissement des religions positives, en particulier du christianisme, des changements profonds aient eu lieu, c'est une question de fait que l'expérience seule peut trancher; or il est visible qu'elle la tranche dans le sens de l'affirmative. Le développement de la culture moderne n'a pas seulement amené, au regard de l'état primitif du christianisme, bien des modifications de détail, mais il a transformé le mode général de la vie et du travail.

Cette transformation concerne d'abord le monde de la pensée. Les derniers siècles ont changé à fond l'image de la nature, de l'histoire, de l'homme même avec sa vie morale et spirituelle, et l'apport nouveau du travail varié, en se combinant, a pour conséquence un élargissement considérable de notre pensée et de notre vie, une énergique exaltation de toutes les idées dans le sens de la grandeur et de l'universalité. Et cela non seulement à l'égard de l'extension; car si l'infinité nouvellement découverte du monde visible et le rétrécissement du domaine humain occupent d'abord la pensée, plus pénétrante encore est la transformation intérieure: une expression plus nette et une plus claire délimitation du travail spirituel font paraître trop mesquine, pour les tâches qu'il impose, la forme de vie humaine telle qu'elle nous est donnée immédiatement, et opposent au simple état du sujet une activité créatrice qui procède de la nécessité de complexes spirituels, du développement spontané de domaines entiers de la vie. Le noyau vital le plus intime en est pénétré. Car si les âges antérieurs ont cherché ce noyau dans le rapport de personnalité à personnalité — conçue à l'instar de la personnalité humaine — et si l'intériorité du sentiment qui se développait de là était regardée comme l'âme de la réalité, les mouvements et changements nouveaux contredisent de la façon la plus rigoureuse une telle position centrale de la personnalité et de la vie personnelle ; ils mettent l'accent sur l'élargissement de la vie, et ils trouvent cet élargissement dans l'idée d'un processus impersonnel, soit naturel soit spirituel, mû par une nécessité positive, et auquel doit servir tout le travail humain. L'homme, qui pendant longtemps se tint timidement à l'écart du monde environnant, voudrait maintenant entrer dans une relation plus étroite avec lui, il voudrait participer directement à une vie universelle : voilà la part de vérité contenue dans les courants panthéistes souvent si confus de l'époque actuelle, et qui leur donne un certain empire sur les contemporains. Une telle manière de penser ne prête pas seulement une apparence d'anthropomorphisme et de mythologie à maint élément de la religion traditionnelle qui semblait par ailleurs la pure expression de la vérité divine ; elle fait juger trop étroite et trop mesquine toute l'ancienne conception, elle en franchit les limites avec une puissance pareille à celle des éléments. Un semblable mouvement dans le sens de l'extension et de la grandeur, obscurcissant la tâche morale, peut être discutable ; souvent une interprétation des plus contestables peut se confondre avec la nécessité spirituelle ; il n'en est pas moins vrai que les problèmes mêmes ont rendu les anciennes positions intenables ; toute la peine et toute la subtilité de la défense ne peuvent leur conserver la sympathie et l'intérêt de l'humanité, ce à quoi la religion ne saurait renoncer.

Mais ce n'est pas seulement le monde de la pensée qui a subi depuis les débuts du christianisme de pénétrantes transformations : la vie affective, qui anime notre effort et domine nos rapports avec notre entourage, est devenue autre. C'est au sein d'une humanité fatiguée et désespérant de ses propres capacités, c'est dans un temps de décadence que le christianisme ancien dut agir et chercher sa forme propre ; ce qu'on désirait avec ardeur alors, c'était un ferme point d'appui et non un libre mouvement, le repos et la paix, non la marche en avant et la lutte, la sécurité et l'allégement, non l'indépendance et la responsabilité personnelle. Pour répondre à ce désir, la religion elle-même devait revêtir une forme et prendre la couleur de l'époque, en dépit de sa résistance aux tendances de celle-ci : organisation et autorité d'une part, soumission et dévotion de l'autre, désir d'une incarnation sensible de l'invisible vérité, goût du merveilleux, de l'incompréhensible, du magique, malgré beaucoup de zèle à l'action, la passivité l'emportant dans la vie religieuse. Nous savons comment tout cela se transforma dans les temps modernes, comment le courage de vivre, un joyeux désir d'action et de création, de progrès et de métamorphoses, d'autonomie et de responsabilité personnelle, est venu à l'humanité. Le mouvement ayant pénétré la vie tout entière, il ne peut laisser la religion hors d'atteinte. Un conflit avec la forme ancienne est inévitable ; si la religion, dans toute son essence, est liée à cette forme, elle devra partager elle-même l'ébranlement; mais elle devra subir une formation plus active et une très profonde réforme, si l'on reconnaît dans ce mouvement une vérité qu'il convient d'implanter sur le terrain proprement religieux. Déjà la Réformation a assumé cette tâche, mais elle ne l'a pas menée à terme; car s'il est certain qu'elle a saisi le sentiment vital nouveau à la source la plus profonde de la vie, elle est demeurée, dans le développement de ses idées, attachée au passé sous bien des rapports. Aussi la même exigence reparaît-elle maintenant avec le réveil du problème religieux, toutes les confessions sont pénétrées du désir de plus d'activité, d'un déploiement plus grand d'énergie dans le domaine religieux.

Mais la réalisation n'en est pas si simple qu'il le semble à plusieurs. Il ne suffit pas pour cela de mettre davantage le sujet en mouvement, d'éveiller en lui des dispositions plus ardentes : on ne peut susciter une activité véritable qu'au moyen d'une réforme totale. Nous nous trouvons ici en présence de grands problèmes historiques dont la solution définitive se dérobe à nos regards, mais il suffit à la religion d'y travailler seulement pour améliorer ses rapports avec la situation générale de la vie spirituelle.

Nous montrerons ci-après que le christianisme peut admettre en soi de tels mouvements historiques, sans abandonner la vérité élevée au-dessus de tout mouvement. Pour l'instant, nous n'avons à nous occuper que de ceci, à savoir que le fait d'admettre de tels mouvements exige une manière d'envisager et de traiter l'histoire comme celle que nous avons développée plus haut. Si un arrière-fond suprahistorique se maintient dans l'histoire, si ce qui en elle a de la valeur, c'est moins ce que nous montre l'immédiate impression totale que ce qui y agit comme contenu spirituel, alors nous ne pouvons accepter complaisamment tout ce qui nous est présenté, nous devons apprécier et discerner par notre jugement propre, établir d'abord à travers la distance une communion intérieure, gagner par notre propre travail le terrain sur lequel le passé et le présent peuvent entrer fructueusement en contact. La principale station pour le travail spirituel est toujours constituée par le présent, et ce qui, dans la richesse incommensurable de l'histoire, doit s'unir à notre propre vie est tenu de s'attester comme exerçant une action durable et de dépouiller le caractère d'une chose abolie. Or, un présent de cette sorte ne s'offre jamais de lui-même, il faut que nous l'acquérions par le travail spirituel, en surmontant le moment qui passe ; il faut donc ici une plus grande activité ; tout flottement sans défense et toute complaisance passive, toute fuite du présent dans le passé sont fondamentalement exclus. Il est clair que l'histoire ne nous fera progresser que suivant la mesure de l'énergie spirituelle que nous y apporterons ; il est clair aussi que nous déployons une vie spirituelle en utilisant l'histoire, mais non en la puisant dans l'histoire ; clair enfin que nous vénérons ce qu'il y a de plus grand dans la religion, comme dans l'histoire en général, non en lui-même, mais en tant que révélation et actualisation de l'éternelle vérité. Procéder autrement nous paraîtrait rendre un culte à l'homme et non pas à Dieu.

Or tout cela présuppose nécessairement la présence immédiate de la vérité éternelle à travers tout le cours de l'histoire, la possibilité de se soustraire à chaque instant au courant du devenir pour se transporter en elle. Il en résulte une rupture décisive avec l'ancienne méthode qui attribue à un moment isolé toute la plénitude de l'éternel et borne toute la suite au maintien et à la reproduction de ce moment. Il est impossible d'éviter ainsi un amoindrissement d'activité; ce que nous ne formons ni ne construisons nous-mêmes, ce qui, pour subsister et pour agir, n'a pas besoin de notre décision, ne peut s'emparer de la pleine énergie de notre être. L'idée qu'une œuvre commune relie toutes les énergies et que chacun à sa place, par son action personnelle, doit faire progresser le courant de la vie, cette idée ne fut point absente du christianisme aussi longtemps qu'il eut à lutter contre un monde hostile. D'après Origène, le penseur dirigeant de l'Eglise d'Orient, en Jésus commença la pleine union, « l'interpénétration » des natures divine et humaine, et par cette communion, la nature humaine fut divinisée non seulement en Jésus, mais chez tous ceux qui acceptaient la vie dont il est l'initiateur. Le vrai imitateur du Christ ne doit pas seulement croire au Christ, mais devenir lui-même un Christ et servir par sa vie et ses souffrances au salut des frères. — Après la victoire du christianisme, cet ordre d'idées passa à l'arrière-plan de la vie ecclésiastique ; il s'agit de le reprendre, dans des conditions modifiées et sous une forme nouvelle, et de reconnaître dans le développement de la religion une œuvre continue, commune à tous, si la religion doit acquérir le caractère d'activité sur lequel nous devons insister à présent.

Par le surplus d'activité que font espérer de pareils changements, la vie gagne aussi en universalité, et le mouvement de la pensée en ampleur et en liberté. Comment pourrions-nous, par delà toutes les particularités temporaires, rechercher une vérité universelle et y établir notre vie, à moins d'admettre quelque chose de supérieur à toute particularité et de concevoir les variétés particulières comme le simple déploiement de ce quelque chose de supérieur? La marque de l'éternel ne consiste pas à maintenir immuable et à imposer une forme particulière en face des vicissitudes du temps, mais à pouvoir entrer sans s'y perdre dans la diversité des temps, en y attestant sa puissance supérieure, en y agissant de façon à libérer le temps de son caractère purement temporel.

Il n'est pas à craindre qu'une telle conception nous fasse aboutir à une généralité pâle et vide, et par là à une volatilisation de la vie. Car ici ce n'est pas l'être abstrait qui constitue le fondement sur lequel tout repose, mais une vie originale, existant par elle-même, et le lien de la diversité se trouve dans le caractère, le contenu, le déploiement intégral de cette vie, non dans des doctrines et des formules qui en seraient détachées. Aussi certainement cette vie, comme vie spirituelle, emporte certaines convictions touchant la réalité, lesquelles convictions doivent se muer en doctrines, aussi certainement les doctrines n'ont de valeur qu'en tant qu'incorporations de la vie, et, comme telles, peuvent fort bien subir des variations, sans que la vérité de la vie qui les fonde en devienne douteuse.

Le gain en universalité et en activité contribuera aussi à rendre la vie religieuse plus simple et plus immédiate qu'elle n'est d'ordinaire autour de nous. Pour que la religion agisse avec force et pénètre victorieusement, il est de la plus haute importance qu'elle puisse être pleinement expérimentée par chacun, et que chacun développe en se l'appropriant le fond le plus intime de son être propre. D'après son affirmation fondamentale, l'ultime profondeur du phénomène universel peut se dévoiler à l'intérieur de l'âme et devenir la propriété personnelle de l'homme ; sans cette conviction, la religion ne pourrait être au centre de la vie. Ce qui est essentiel et nécessaire doit aussi pouvoir être directement vécu. Le nécessaire, pour avoir son plein effet, ne doit être ni mêlé ni lié à l'accessoire ; il doit se distinguer d'une façon tranchée de tout le reste et produire ses exigences en toute clarté. Or il existe à cet égard, précisément dans le christianisme, de grandes confusions qui tiennent à sa nature aussi bien qu'à son histoire. Nous nous occuperons bientôt du fait que le christianisme accueille en soi la vie dans sa plus vaste étendue et dans ses oppositions les plus profondes; à cause de cela déjà, il se laisse moins aisément que d'autres religions réduire à une formule simple. Si néanmoins, dans le christianisme aussi, il faut mettre l'accent sur la simplicité, ce sera une simplicité d'une nature spéciale et qui posera des problèmes spéciaux. En outre, le cours de l'histoire a éloigné de nous et nous a rendu moins compréhensibles maintes choses qui paraissaient proches à nos devanciers et leur représentaient visiblement des vérités éternelles; on a beau, par exemple, défendre avec énergie, aujourd'hui encore, la doctrine de l'égalité d'essence du Père et du Fils, on ne lui rendra pas pour cela la position prépondérante qu'elle avait auparavant dans la vie religieuse. La vérité est que le contenu historique du christianisme est devenu beaucoup trop vaste et trop chargé de détails; il traîne avec lui beaucoup d'éléments à demi étrangers qui deviennent de plus en plus un fardeau et un obstacle, et qu'il est nécessaire d'éliminer, si la religion doit mettre en œuvre toute la vigueur de l'éternelle vérité et s'assurer la collaboration de chacun. Les troubles et les nécessités actuelles l'exigent assez manifestement. Il s'agit de lutter pour une plus grande simplicité et immédiateté de la religion, pour une séparation plus nette de l'essentiel et de l'accessoire, pour l'élaboration d'une unité caractéristique de la vie où soit compris tout ce qui lui est propre, d'où soit exclu tout ce qui lui est étranger. Un tel effort ne peut procéder que d'une vie spirituelle élevée au-dessus du temps et de la simple humanité et capable de mettre dans leur vrai rapport le temps et l'éternité. En quoi consiste cette unité caractéristique, c'est ce qui va nous occuper maintenant. Si nous la découvrons et qu'elle nous apparaisse clairement en dépit de la confusion inhérente à la condition humaine, cela tranchera la question de savoir si la conception du temps et de l'éternité que nous avons développée se laisse soutenir jusqu'au bout, si la religion est de force à surmonter les vicissitudes du temps, ou si ces vicissitudes l'atteignent aussi et l'entraînent à sa ruine.

III

L'ESSENCE DU CHRISTIANISME

Des recherches sur l'essence d'une religion historique, notamment du christianisme, se heurtent aujourd'hui à maintes difficultés. Elles amènent facilement à presser de force dans un cadre factice la plénitude débordante de la vie, et il paraît malaisé de trouver une voie favorable entre une vague généralité et la fixité rigide d'une forme particulière. Il y a des dangers, nous ne le nions pas ; mais la tâche est beaucoup trop impérieuse pour qu'ils puissent nous en détourner. Elle s'impose au temps présent d'abord à cause des attaques auxquelles le christianisme est exposé. Des idées inexactes, superficielles, souvent erronées, ont gagné de l'empire sur nombre de nos contemporains et les induisent en des jugements surprenants ; sans une conscience claire de ce qu'il s'agit de défendre, il est impossible de lutter contre de telles déformations.

Mais pour nous aussi, pour les amis de la cause, il n'est pas indifférent de porter nos réflexions sur le centre du monde des idées ; cela peut contribuer à nous élever au-dessus de la variété des impressions dont nous submergent la division croissante du travail et, en particulier, l'extension des recherches historiques. Que l'abandon complaisant à ces impressions nous mette dans un état de demi-conviction et finalement nous livre en proie à un relativisme destructeur, nous l'avons vu trop clairement ci-dessus pour qu'une réaction ne nous soit pas la bienvenue. Aussi éprouvons-nous une joie particulière de ce que, avec la profondeur et la vigueur qui le distinguent, Ernest Trœltsch, ce chef parmi la jeune génération des théologiens allemands, ait mis cette question au premier plan dans son ouvrage sur « L'absoluité du christianisme ». Notre étude ne saurait comme la sienne suivre le problème jusqu'aux principes ultimes, elle se propose un but plus modeste. Mais nous espérons pourtant avancer la tâche en quelque mesure en poursuivant, dans l'examen de ce problème, les considérations présentées dans les études qui précèdent et en essayant de faire ressortir l'originalité du christianisme au regard des autres religions.

Celui qui, partant du problème de la vie, interroge les diverses religions sur leur essence, ne soupçonnera pas, par delà les phénomènes, une substance cachée ; il ne se mettra pas non plus en quête d'une formule abstraite, mais il s'efforcera de grouper en un tout la diversité des manifestations de la vie, de les ramener à l'impulsion fondamentale et de les éclairer d'un point central et dominant. Il doit chercher à pénétrer assez avant pour saisir cette vie dans son origine et comprendre toute donnée de l'expérience comme l'effet d'une création originale. Doctrines, organisations, sentiments vaudront pour lui en tant que manifestations de cette vie; il mesurera leur importance à leur rapport effectif à cette vie fondamentale; ne formant point par eux-mêmes l'essence de la religion, ils n'ont pas le droit de se prétendre intangibles, ils doivent demeurer ouverts à toute modification réclamée par le déploiement de cette vie fondamentale sur le terrain humain. Vie ne signifie naturellement pas ici subjectivité pure, mais un groupement des phénomènes intérieurs, un tissu indépendant, le développement d'une réalité spirituelle particulière. Le caractère et le but dominant assignés à cette vie par rapport à une vie absolue, voilà ce qui distingue principalement les unes des autres les diverses religions et détermine la forme prise par chacune. Plus la vie offerte par une religion reporte notre être à son fond ultime, plus elle est capable d'accueillir en elle tout ce que notre expérience renferme de mouvements et d'oppositions, plus aussi nous devons la considérer comme dominante et définitive, plus nous trouverons de vérité dans l'essence ainsi comprise. Dans ce sens, nous voudrions d'abord saisir l'essence spéciale du christianisme en jetant un regard d'ensemble sur la vie qu'il nous ouvre, puis chercher à en suivre la vérification dans l'histoire.

En partant ainsi du processus vital, nous n'avons pas affaire à une quantité illimitée, comme le ferait croire la première impression produite par l'activité et les agitations variées de l'humanité, nous n'avons à nous occuper que d'un nombre fort restreint de possibilités; le mot de Leibnitz sur la nature, qui est simple dans les principes et infiniment riche dans l'application, est vrai aussi en ce qui touche les formes fondamentales de la vie spirituelle: il y a très peu de types nets entre lesquels se meut notre existence et sur lesquels nous avons à décider. Aussi arriverons-nous sans peine à formuler un jugement déterminé.

Mais le problème le plus général touchant la religion elle-même nous amène à une autre question, à savoir en quel endroit le caractère spécial des diverses formations de la vie trouve son expression la plus nette. Ce qui pousse les âmes vers la religion, c'est toujours le mécontentement au sujet de l'état actuel du monde et l'impossibilité de le supporter; nous espérons d'elle quelque chose que cette situation ne nous donne pas et à quoi nous ne pouvons néanmoins renoncer. Par là se pose en premier lieu la question de savoir où et comment nous éprouvons une lacune, un trouble, une perversion de l'existence, qui ne nous laisse aucune quiétude. C'est, en un mot, le problème du mal qui différencie surtout les religions comme les esprits, et à la solution duquel elles doivent faire leurs preuves. Ici surtout la vie se concentre en une seule question et en une seule réponse.

Or, les religions, dans la mesure où elles se montrent indépendantes de la vie ordinaire et déploient une qualité spirituelle particulière, se partagent en deux types principaux : les religions de la loi et les religions de la rédemption. Celles-là ne rompent pas entièrement avec le monde et n'exigent pas une manière d'être entièrement nouvelle, mais elles déplorent dans le monde de l'expérience l'absence de l'ordre moral, de la justice, à laquelle il semble impossible de renoncer ; elles exigent, pour sa réalisation, une puissance supérieure qui juge et rémunère ; elles apportent aux hommes des commandements sévères, qui dérivent d'un tel ordre de justice, et dont l'observation permet d'attendre ici-bas ou au delà une immense récompense, et la transgression, de durs châtiments. Dans cet ordre d'idées, on ne doute nullement que la force de faire le bien et de fuir le mal ne soit inhérente à l'homme. L'effort humain semble n'avoir besoin que d'une incitation, d'un renfort, d'une sûre direction, pour se maintenir sur la droite voie.

Mais les religions de la rédemption dépassent de beaucoup cette conception du problème et cette œuvre de la religion. Pour elles, ce n'est pas ceci ou cela qui paraît insuffisant dans le monde existant, ce monde lui-même paraît fourvoyé à fond, ruineux, tombé dans la déraison. Donc un affranchissement complet à l'égard du monde et une organisation radicalement nouvelle des choses sont seules de nature à donner à la vie un point d'appui et une valeur; il ne suffit pas ici d'une amélioration progressive, mais il faut une révolution complète. Ce n'est que de ce point de vue que le problème religieux se pose avec une puissance invincible; un monde se dresse alors en face d'un monde, tout travail semble vain et tout gain semble une pure apparence, si l'on ne réussit à s'élever à un ordre nouveau et si l'on n'atteint par là un être nouveau. Le problème étant posé à cette hauteur, les religions de la loi paraissent nécessairement n'être que de simples degrés préparatoires des religions de la rédemption.

Mais parmi les religions de la rédemption elles-mêmes, on distingue deux types foncièrement différents : le type indou et le type chrétien. Là, c'est l'existence du monde en général, la forme du phénomène, ici, c'est un état particulier du monde, qui forcent à rompre avec la situation existante. Pour les Indous, le monde est le règne du devenir éphémère et de la simple apparence; ne renfermant rien de permanent, il ne garantit nul bonheur durable; tout ce que nous saisissons avec l'ardeur du désir nous coule entre les mains; toute vie devient souffrance dans la mesure où elle prend cette apparence pour la vérité, y attache le cœur, y met l'affection; elle s'expose toujours à de nouvelles et amères désillusions, sans qu'on puisse espérer que jamais il en soit autrement ni mieux. Il faut donc se libérer de cette apparence vaine, ce qui ne se peut qu'en la pénétrant à fond, en mettant dans cette pénétration toute son âme. Car elle doit anéantir tout désir d'un monde ainsi constitué et abolir entièrement le tumultueux penchant à vivre. Mais ce qu'on acquiert sur cette voie, ce n'est pas tant un royaume de contenu et de bonheur positifs qu'un état de complète quiétude, l'apaisement de tout sentiment d'amour ou de souffrance, un état de pure passivité, soit qu'on se le représente, avec les sages bramines, à la manière d'un sommeil sans rêve, ou avec les anciens bouddhistes, comme un anéantissement total. Dans les deux cas, le monde avec ses inquiétudes s'abime devant la puissance de la contemplation, le repos vient sur tout l'être, un grand allègement qui fait tomber les lourdes chaînes créées simplement par la folie et, d'après l'idée bouddhiste, par l'aspiration à la vie, cette «soif» de l'homme.

« Celui qu'elle subjugue, cette soif méprisable qui répand son poison à travers le monde, sa douleur croît comme l'herbe. Celui qui la dompte, cette soif méprisable à laquelle il est difficile d'échapper en ce monde, la douleur s'écoule de lui comme la goutte d'eau de la fleur du lotus. »

Ce sont des accents saisissants de simplicité et de vérité que nous font entendre ces convictions indoues. Mais ils ne sauraient nous en dissimuler les lacunes et les désavantages. La vie y est communément dépréciée et dépouillée de toute énergie motrice. De même que tout amour prévenant et secourable en est absent, et que chacun ne peut accomplir que pour soi l'acte décisif, on n'y conquiert nul monde intérieur commun, on n'y ose entreprendre aucune lutte contre ce que l'existence a d'irrationnel; avec toute sa mollesse subjective, cette vie a dans son ensemble une grande froideur; il lui manque la chaleur d'une vie personnelle et d'une formation personnelle; sa force gît dans la négation bien plus que dans l'affirmation,

Tout autre et soutenue par des sentiments

bien plus positifs nous apparaît la vie sur le terrain chrétien. Ici aussi règne une forte négation du monde, mais ce n'est pas le monde en général qui est réprouvé, c'est un état particulier du monde, et cet état, ce n'est pas une nécessité de nature ou une simple erreur, c'est un acte libre qui l'a produit. En conséquence, le mal étant une perversion du bien, l'être comme tel n'est point rejeté, le penchant à la vie n'est pas tué dans sa racine, et on garde l'espoir que le mal, sorti d'un acte libre, sera aboli de la même façon. Mais d'immenses difficultés se dressent sur la voie. Si profonde est la perversion, la capacité pour le bien tellement paralysée, que l'homme est tenu pour absolument impuissant à se tourner vers le mieux par ses propres forces, et que ce mieux ne saurait non plus résulter d'un essor progressif, d'une lente accumulation. Il faut plutôt une révolution complète, un nouveau commencement de vie, que seule peut produire une puissance supérieure au monde, la divinité elle-même. Elle le produit, selon la croyance chrétienne, en effaçant la coulpe par libre amour et grâce et en fondant une nouvelle vie par la communion avec Dieu.

Si simple que puisse sembler cette vie au premier abord, elle implique des changements et des développements ultérieurs de toute importance. La vie, en toutes ses phases décisives, étant rapportée à un acte libre, en reçoit un caractère essentiellement éthique et se distingue par là, de la manière la plus tranchée, de tout processus naturel ; trouvant son problème capital non dans un rapport avec le monde, mais dans son rapport avec elle-même, avec son propre concept idéal, elle nous ouvre d'abord un monde purement intérieur, abondant en grandes tâches. Le monde qui, autrement, forme pour l'homme toute la réalité, est rabaissé au rang de simple milieu. Tout ce qui se passe dans ce monde intérieur devient essentiel et absolument dominant, tout mouvement doit y prendre son point de départ ; il en résulte donc en tout premier lieu une histoire de l'âme. Il se produit ainsi en général une intériorisation de la vie et de ses tâches telle qu'on ne trouve rien d'approchant dans aucune autre religion.

Mais c'est avant tout dans sa manière de traiter la douleur que le christianisme montre son caractère particulier. Il a mis la douleur au premier plan de la vie et en a fait sa constante préoccupation ; il se distingue spécialement par là de la sagesse antique, qui recommandait aux âmes de se cuirasser fièrement et de se préserver autant que possible de la douleur. De savoir qui des deux a raison, cela ne dépend pas du goût personnel, mais de l'état de fait de l'existence humaine. Si elle renferme de graves complications, et si ces complications ne concernent pas seulement notre rapport au monde extérieur, mais s'étendent jusqu'au fond le plus intime de l'âme, si un rude conflit apparaît à l'homme entre les tâches spirituelles de son être et son attitude effective, il serait aussi insensé de blâmer l'acceptation de ces problèmes que de reprocher au médecin de s'occuper non des bien portants, mais des malades. Or, une pensée superficielle peut seule nier cet état des choses, après les expériences de l'histoire aussi bien que de la vie journalière; c'est donc un fait extrêmement important et qui marque un tournant de l'histoire universelle, que le christianisme ait d'abord apprécié la douleur comme un tout, qu'il l'ait attaquée et ait entrepris de l'abolir comme un tout. Car il ne s'est pas occupé d'elle pour s'y soumettre et y persister dans l'alanguissement, mais pour s'élever à travers elle à une hauteur nouvelle et pour lui opposer un monde d'amour et de foi. Le christianisme historique, aux époques de lassitude et d'affaissement, s'en est trop tenu à l'intériorité pure, il a trop peu incorporé le gain intérieur à l'état du monde, il a même traité cet état comme chose accessoire et indifférente. Mais cela ne change rien au fait que le courant principal du christianisme tend à l'affirmation de la vie, non pas tant, il est vrai, d'une vie naturelle que d'une vie surnaturelle. Une telle affirmation porte toujours en soi une négation prononcée, une rupture avec la simple nature; elle n'a rien du sauvage désir de vivre, de cette « soif » que les Indous réprouvaient avec raison.

L'alliage particulier d'affirmation et de négation que renferme la vie chrétienne est encore renforcé par le rôle de l'une et de l'autre, tel qu'il apparaît en fait dans la sphère de la vie humaine. Car ici le « non » n'est pas un simple point de transition rapide, un simple moyen d'approfondir la vie, mais il se maintient après l'apparition du « oui »; on n'en éprouve toute la force que par le contraste. En effet, l'affirmation n'est posée d'abord qu'au dedans de l'âme, bien qu'elle le soit, en toute réalité, dans la région de la foi et de l'espérance; l'opposition d'un monde étranger et hostile subsiste. Aussi, dans les conditions humaines, la vie ne parvient-elle jamais à un plein et complet achèvement, elle demeure placée entre des pôles opposés et est donc maintenue en un perpétuel mouvement. Portant en elle les contrastes les plus grands, le plus haut sommet du parfait bonheur et les plus profonds abîmes de souffrance et de faute, elle doit s'approfondir toujours davantage en elle-même, en allant de l'un à l'autre, et se créer son monde propre. Si nos concepts se montrent impropres à dépeindre exactement ce monde, l'art musical y réussit fort bien ; un Palestrina ou un Bach nous en disent plus ici que tous les concepts.

Mais toutes les fluctuations qui se produisent dans l'état de la vie ne sont pleinement éclairées que par la nature spéciale de l'affirmation posée par le christianisme en face des complications du monde. Toute affirmation de la religion ne peut provenir que d'une révélation du divin ; la nature de cette révélation décidera donc du contenu positif des religions. A cet égard, le christianisme dépasse de beaucoup toutes les autres religions. Suivant celles-ci, la divinité ne se communique à l'humanité que dans certaines manifestations extérieures. Malgré les relations variées, une grande distance subsiste quant à l'essence entre le divin et l'humain. Le christianisme, par contre, représente une pleine union d'essence, il fait entrer le divin, avec toute la plénitude de sa magnificence, dans la nature humaine et, par conséquent, élève celle-ci, dans son fond le plus intime, jusqu'au divin. Par là, la vie divine devient immédiatement la vie propre de l'homme, il prend part à la perfection, à l'éternité, à l'infinité de la vie divine et se trouve élevé en toute sûreté au-dessus des limites et des erreurs du monde, au-dessus de la souffrance, de la misère et de la coulpe. La vérité chrétienne n'acquiert d'abord une entière certitude que par une telle communion d'essence avec le divin, au lieu que l'insécurité et le doute persistent aussi longtemps que l'humain et le divin demeurent distants l'un de l'autre. Cette vérité chrétienne fondamentale a reçu, il est vrai, formulée dogmatiquement dans la doctrine de la nature divino-humaine du Christ, une expression qui provoqua dès les débuts les confusions les plus variées, et que beaucoup de loyaux confesseurs du christianisme trouvent aujourd'hui intolérable. Nulle part plus qu'ici il ne faut insister sur l'exigence développée plus haut, à savoir qu'il ne convient pas de fixer le fait fondamental à un point isolé, mais de le concevoir comme le point culminant d'un mouvement qui embrasse l'ensemble de l'humanité et de reconnaître dans ce mouvement une œuvre continue, une création toujours renouvelée, un intarissable courant vital. On renforce ainsi, plutôt qu'on ne l'amoindrit, ce qu'il y a de merveilleux et de révolutionnaire dans la pénétration de l'humain par le divin, dans la création et la conservation d'un monde de vérité absolue parmi les étroitesses et les erreurs de l'existence humaine; ce merveilleux n'a d'abord son plein effet que par un tel élargissement qui lui permet d'accompagner l'humanité à travers toutes les luttes de l'histoire.

Seule la pénétration du divin dans le domaine humain, renversant l'état premier des choses, communique d'abord à la vie chrétienne la pleine profondeur et la pleine énergie. Seule elle nous fait également reconnaître ce que la vie chrétienne renferme d'une part d'amour et et de douceur, et d'autre part de sérieux et de vérité. L'amour chrétien a un sens notablement plus élevé que le sens superficiel et pitoyable donné naguère à ce terme jusque dans les romans en vogue. Car il ne consiste pas à conniver mollement avec toutes les erreurs et faiblesses humaines, à pallier tout ce qui arrive dans le monde, à tout approuver, mais il prend extrêmement au sérieux l'exigence d'un monde nouveau et d'une vie nouvelle que seule peut donner l'énergie divine; la tâche de l'homme n'est pas ici l'affaire de la pure et simple humanité, une affaire privée concernant son bonheur, elle s'engrène dans l'ordre de l'ensemble et comporte en conséquence une lourde responsabilité. Ce n'est pas uniquement tel ou tel bien qui est ici en question, il s'agit d'une lutte pour l'être spirituel en général, pour l'acquisition d'une vie spirituelle originale, et donc de la vraie vie. Aussi, autour de ces pôles de l'amour et de la vérité se meut l'histoire du christianisme ; elle a mis en avant tantôt l'amour, tantôt la vérité ; la pleine union des deux forme un haut idéal pour tous les temps. Que l'élément métaphysique se manifeste comme éthique et l'élément éthique comme métaphysique, voilà précisément ce qui fait la qualité particulière et la grandeur du christianisme, et qui en même temps le constitue en état de tension permanente. Les époques antérieures l'ont trop souvent transformé en métaphysique ; gardons-nous, nous autres modernes, de le rabaisser à n'être plus qu'une simple éthique.

Dans toutes ces évolutions le christianisme montre une grandeur éminente, notamment en accueillant en soi les mouvements et les expériences de la vie dans leur plus vaste étendue ; il n'en demeure pas, en particulier, aux antithèses abruptes qu'elle présente, il nous élève au-dessus d'elles et entreprend de les surmonter. Et cela non par une réflexion circonspecte et un examen prudent, mais par la production d'un état de fait supérieur, par la manifestation d'un monde nouveau, fondé dans l'amour divin, qui garantit un point d'appui ferme en présence de tous les conflits et permet aussi de tendre à une transformation profonde de l'existence humaine.

C'est précisément cette coïncidence de mouvements infinis et de ferme quiétude, cette participation à toutes les luttes du monde et cette élévation par-dessus toutes les luttes du monde, qui donnent à la vie chrétienne une particularité distinctive et une autonomie intérieure. Il est visible que nous n'avons pas seulement ici certaines actions accomplies dans un cadre de vie plus large, ni certaines adjonctions partielles à l'état antérieur; mais on voit apparaître un rapport vital et un contenu vital autonomes, une réalité particulière. C'est celle-ci qui permet d'abord à l'esprit d'avoir son fondement en soi-même et qui rend possible un monde intérieur élevé au-dessus de toute subjectivité purement individuelle.

Or ce monde intérieur ne demeure pas comme un royaume isolé à côté de l'existence naturelle, mais il se présente comme le centre et la puissance dominante de toute la réalité; de même que les anciens chrétiens, malgré l'oppression extérieure qu'ils subissaient, se nommaient joyeusement et hardiment l'âme du monde, de même le christianisme est pénétré du désir de donner au monde et à la vie une âme qui autrement leur manque. Mais il ne peut la leur donner qu'en élevant un royaume nouveau dont le fondement est purement intérieur, dont l'action puissante s'étend jusqu'au monde visible, sur le terrain duquel il engage le combat contre la déraison. De là la formation d'une église, dans un tout autre sens qu'en ce qui concerne les autres religions. Ce contact avec un monde hétérogène ne saurait se produire sans que les éléments étrangers s'affirment aussi et, par leur action déprimante, engendrent des complications infinies. Aussi l'histoire de l'Eglise chrétienne est-elle tout ce qu'on voudra plutôt qu'un pur et calme déploiement de vie chrétienne ; une quantité infinie de mesquineries humaines, désirs de profit, de puissance, de jouissance, etc., s'y est mêlée et a obscurci très fortement le tableau. Toujours le christianisme dut combattre à nouveau non seulement au dehors, mais au dedans, pour maintenir pure sa vérité et ne point déchoir de sa propre essence. Mais celui qui envisagera les choses dans l'ensemble et par le côté intérieur trouvera cependant que le positif l'emporte au sein de cette déformation et de cet obscurcissement ; contre tous les inconvénients d'une formation sur le terrain humain prévaut le fait que l'impulsion est donnée vers un monde nouveau, qu'au milieu d'un monde composé d'éléments juxtaposés et extérieurs un règne d'intériorité pure, au milieu du courant du temps une vérité éternelle, parmi la dureté et l'indifférence du cours des choses un règne d'amour ont été prophétisés, et qui plus est, inaugurés. Voilà ce qui se peut entreprendre de plus héroïque dans l'état présent du monde ; voilà qui se heurte du plus rude choc non seulement aux conditions humaines, mais aussi à l'image que le monde nous offre au premier regard, et voilà qui ne peut triompher à moins d'une révolution complète dans l'ensemble. Cette impossibilité apparente, on ne pouvait l'oser qu'en ayant conscience de satisfaire à l'impérieuse nécessité d'une conservation spirituelle de l'humanité et, en étant bien persuadé d'être soutenu en cela par une puissance supérieure. Cela une fois reconnu, toutes les lacunes, toutes les erreurs même de la formation historique et humaine de la vie chrétienne ne pouvaient ébranler le fait fondamental de cette vie, ni porter atteinte à sa signification.

Pour faire ainsi consister l'essence d'une religion dans la vie dont elle ouvre l'accès, il n'est nullement nécessaire de se montrer indifférent à l'égard des idées et des doctrines qu'elle proclame. On considérera même que c'est une erreur dangereuse de concevoir la conversion à la vie comme si elle enlevait toute importance aux idées et aux doctrines, sous prétexte que la vie seule importe et non les concepts. Une telle manière de penser confond la vie subjective, l'individualité renfermée en soi-même, avec la vie spirituelle. Celle-là peut se contenter d'un sentiment indéterminé qui s'accommode des systèmes d'idées les plus variés, mais la vie spirituelle postule un contenu, et un contenu vrai, ce qui exige nécessairement des convictions fermes et des idées directrices. Seulement, elle n'érigera pas de telles convictions en opposition avec le processus vital ; elle les développera en partant de ce processus ; ainsi, seront seules d'une importance fondamentale pour la religion les doctrines qui exprimeront directement le caractère de l'ensemble vital qu'elle représente, et il faudra toujours soumettre le système doctrinal à un nouvel examen, afin de s'assurer qu'il offre le nécessaire, et rien que le nécessaire, pour le développement de la vie religieuse. Car tout surplus est ici préjudiciable en ce qu'il obscurcit et affaiblit l'essentiel. Nous l'avons déjà dit plus haut, un examen et une épuration approfondis paraissent aujourd'hui désirables à cet égard, après les changements intervenus dans la vie spirituelle ; mais le sentiment le plus vif de l'insuffisance du système d'idées traditionnel ne doit pas non plus nous faire douter de la nécessité d'un système d'idées mûrement élaboré. Jamais, sous couleur de rejeter l'intellectualisme, nous ne devrions contester le droit ni l'importance du travail de la pensée.

Toutefois, si nécessaire que soit à la religion un système d'idées, son élaboration est l'affaire du travail de l'histoire. Chaque époque, pour autant qu'elle développe un caractère spirituel particulier, doit exprimer la vérité dans une forme bien à elle et doit avoir pour le faire toute liberté ; dans ce qui appartient au côté humain et historique, nulle époque ne doit jamais devenir l'esclave d'une autre. Nous réclamons donc, après les transformations pénétrantes survenues au cours des derniers siècles, une rénovation fondamentale du monde de la pensée chrétienne. Mais nous ne nous en remettons pas pour cette rénovation aux vagues réflexions de n'importe quel individu, nous demandons qu'elle procède de l'ensemble vital du christianisme ; la réalité spirituelle qui agit en lui doit être la mesure et la norme de toute tentative de ce genre, si nous ne voulons pas rabaisser le christianisme à être je ne sais quoi de vague et presque de non existant. Plus nous réclamons pour le travail de formation une pleine liberté, plus vivement aussi nous insistons sur le devoir de n'affaiblir en aucune façon ce que renferme de caractéristique le type de vie chrétienne avec les faits qui y sont contenus, plus nous repoussons décidément cette manière de penser vague et confuse, si répandue aujourd'hui, qui enlève au christianisme toute vertu négative et répulsive et amollit ainsi, pour la commodité, le nerf de son affirmation. Ce type de vie renferme une abondance d'affirmations que le présent est loin d'avoir épuisée. En affirmant la primauté absolue de la vie spirituelle, il répudie le plus énergiquement possible toute espèce de naturalisme grossier ou délicat, il maintient aussi la liberté, contre toute tendance à faire de la vie un processus naturel ; convaincu de la grande distance, et même de l'opposition générale, existant entre l'état du monde et les irrémissibles exigences de la vie spirituelle, il repousse de la façon la plus décidée le panthéisme, avec sa glorification du monde, et en même temps toutes les tendances qui méconnaissent la nécessité d'une transformation intérieure, telles que l'intellectualisme, l'esthéticisme, etc.; enfin, il proclame une révolution universelle opérée par la puissance spirituelle et par l'amour rédempteur, et il donne absolument congé à tout pessimisme aigri et à tout scepticisme désespéré ; ramenant tout cela à l'antithèse du oui et du non, il engage sur une voie sûre toute la vie et tout le travail de la pensée, auquel il pose des buts précis. Il n'est pas à craindre qu'en fondant notre conviction sur le contenu de la vie, nous soyons livrés à une vague indétermination ni que nous ayons trop peu à faire.

En raison de la brièveté qui nous est imposée, contentons-nous d'indiquer encore en quelques points principaux comment la vie chrétienne manifeste, sur le terrain de l'histoire aussi, une force et une grandeur éminentes et confirme de la sorte sa vérité propre. Envisageons de plus près la personne de son fondateur, la manière dont le christianisme élève le problème religieux en le rattachant à l'ensemble de l'humanité et en le détachant de toute particularité nationale, et enfin les progrès divers de toutes les époques qui en subirent l'action.

Nous avons vu que la critique historique a, sur plusieurs points importants, ébranlé l'image traditionnelle de la vie de Jésus ; nous nous persuadons toujours davantage que les récits que nous en avons nous transmettent moins les faits que leur reflet dans les représentations et les convictions des générations suivantes ; nous reconnaissons que nombre de traits qui paraissaient appartenir au Maître lui-même ne lui furent attribués par la vénération des siens que par suite de la connaissance qu'ils avaient de sa destinée. Cependant, bien qu'il faille admettre ici une action modificatrice, n'oublions pas les limites dans lesquelles elle s'exerce : elle peut amplifier, atténuer, transposer, insérer des opinions et des espérances propres, mais elle ne peut produire d'elle-même une grandeur essentiellement nouvelle, elle ne peut opérer une création spirituelle. Ainsi nous pouvons être incertains sur le point de savoir comment Jésus conçut ses rapports avec le judaïsme et la loi, ce qu'il pensait de sa position et de sa tâche personnelles, comment lui apparaissaient son propre avenir et celui de son œuvre. Il est possible que la sombre issue de sa carrière ait trop influé sur le récit des commencements et marqué le tout d'une teinte particulière. Mais les récits ne s'épuisent pas en ces questions, qui d'ailleurs ne sont pas l'essentiel pour un christianisme de la vie de l'esprit; ils nous révèlent aussi une variété spirituelle tout à fait spéciale, un type incomparable de vie intérieure; nous n'y trouvons pas seulement la prédication d'un certain nombre de doctrines ou l'écho d'une certaine tendresse de sentiment, nous y rencontrons une variété nouvelle de la vie et de l'être, dans laquelle un seul trait capital, à savoir un rapport unique avec Dieu, domine et façonne toute diversité. Comment un tel type a-t-il pu naître? Serait-ce par la simple confluence des opinions et des dispositions des générations subséquentes, comme le résidu d'opérations s'ajoutant mécaniquement les unes aux autres? Celui-là peut seul l'affirmer qui ne voit dans le grand qu'une accumulation du petit et en néglige ainsi l'unité intérieure, la singularité incomparable, l'essence caractéristique. Si donc nous sommes hors d'état de résoudre le problème à moins de supposer une grandeur originale quelconque, une création quelconque opérée d'un seul jet, il faut admettre qu'il y eut, dans le voisinage du fait grandiose qui a excité jusqu'à présent l'admiration, mais qui est maintenant contesté, une grandeur inconnue auparavant, une étoile cachée qui y a reflété sa lumière. Or comment une telle grandeur pourrait-elle nous demeurer cachée? et ne serait-elle pas elle-même une énigme encore plus indéchiffrable que celle qu'elle doit servir à résoudre?

Mais le doute prend encore un autre tour: on conteste moins la crédibilité des récits que le fait qu'ils nous révèlent quelque chose d'absolument original, une révolution totale. On affirme que le monde d'idées de Jésus ne renfermait rien de tout à fait nouveau, surprenant, frappant, que les recherches historiques découvrent un accord toujours plus grand entre ce monde et celui des penseurs grecs et juifs contemporains ou immédiatement antérieurs; le contenu n'en aurait passé pour neuf ou surprenant qu'aussi longtemps qu'on l'aurait comparé à tort avec l'hellénisme ou le judaïsme anciens, non avec ceux de l'époque.

De telles considérations se justifient en une certaine mesure ; reste à savoir si elles tranchent la question essentielle. De ce point de vue, la grandeur vénérée serait une simple collection d'éléments préexistants ; comment se fait-il donc que cette collection, et en général une collection quelconque, ait eu la vertu de produire des effets comme ceux qu'elle a incontestablement produits ? Comment est-elle devenue le point de départ d'un mouvement qui a soulevé le monde et l'a dirigé sur des voies nouvelles ?

Le problème qui est ici touché n'est que le point saillant d'un problème plus général, celui du rapport des grandes œuvres, ou plutôt des grandes créations spirituelles, avec leur milieu. La réponse à cette question dépend beaucoup moins d'une observation de détail que d'une conception de principe de la vie spirituelle. Celui qui n'attribue à la vie spirituelle nulle autonomie et qui la coordonne à l'enchaînement du reste des phénomènes, ne verra dans ces grandes productions rien qui diffère essentiellement d'un surplus de la vie ordinaire et moyenne. Que cet abandon de l'autonomie implique le renoncement à toute vérité supérieure à l'opinion humaine et qu'elle livre l'homme sans défense à un relativisme destructeur, c'est ce dont nous nous sommes convaincus ci-dessus.

Mais quiconque reconnaît cette autonomie et s'exerce en même temps à discerner le cachet spécial de la grandeur ne peut douter le moins du monde de la distance considérable qui sépare celle-ci de la moyenne de son entourage. Car elle opère une révolution complète dans l'état habituel. Ce qui ne formait qu'une simple adjonction aux phénomènes d'une autre nature est ici conçu et traité comme un but autonome absolu ; ce qui demeurait mélangé à toutes sortes d'éléments hétérogènes et étrangers parvient ici à s'exprimer clairement et puissamment dans sa nature propre ; ce qui ne pouvait agir au delà du point où il apparaissait devient ici un mobile plastique d'une portée incommensurable, et, placé au point central, peut transformer l'ensemble du monde des idées et élever la vie à une hauteur nouvelle. Viennent maintenant de froids observateurs qui, avec un zèle empressé, découvrent que souvent, et même la plupart du temps, des idées prises à part ont été annoncées et même dépassées antérieurement : cela change-t-il quoi que ce soit au fait principal? malgré tous les rapprochements apparents, cela ne met-il pas d'abord en pleine lumière la supériorité de la grandeur, la synthèse qui lui est particulière, le caractère incomparable qu'elle communique à l'ensemble et à l'aide duquel elle ennoblit même le détail, la force propulsive qui, arrachant à l'inertie toute la sphère de la vie, la met en mouvement ? Que d'idées kantiennes ne peut-on pas signaler dans l'« Aufklärung » du XVIIIme siècle, et, malgré la ressemblance extérieure, combien elles demeurent intérieurement éloignées de Kant ! Et comme les idées agissent différemment, suivant qu'elles ont leur cours à côté d'autres ou qu'elles deviennent la force dominante et motrice de l'ensemble ! Plus de douze cents ans avant Descartes, Augustin pensait déjà que la certitude personnelle du moi est le point de départ de toute certitude ; seulement, chez Augustin cette idée est une remarquable apparition isolée, chez Descartes elle inaugure une révolution dans la philosophie et même dans toute la manière de penser et dans la vie intellectuelle. Telle est la différence résultant du plus ou moins de force spirituelle déposée dans les idées.

Or, ce qui s'applique à tous les domaines de la création spirituelle est tout particulièrement vrai pour la religion. Car là où elle est prise au sens authentique et strict qu'elle doit revendiquer, elle se trouve à une distance immense de la vie moyenne et même en une contradiction abrupte avec elle. Son monde invisible est pour la vie moyenne un monde lointain et péniblement aperçu, et cependant elle ne peut acquérir pour l'homme nulle réalité véritable sans lui devenir ce qu'il y a de plus proche, quelque chose d'immédiatement présent; pour le commun, elle n'est qu'un simple moyen en vue de buts humains, bonheur personnel, domination, etc., et pourtant elle reste une apparence et une ombre tant qu'elle ne gagne pas l'intérêt de l'homme pour des biens d'une tout autre valeur et qui sont de nature à nuire directement au bien-être humain. Aussi est-ce quelque chose de puissant et de merveilleux que d'accomplir une telle révolution et de rendre le monde invisible croyable, persuasif et même contraignant pour l'homme, de lui communiquer cette simplicité et cette proximité irrésistibles qui font que l'homme y trouve sa plus intime essence et devient capable de vivre et de mourir pour lui. Une révolution semblable ne s'est jamais accomplie que dans certaines personnalités : ce qui demeurait autrement une pâle image enfantée par le désir et la réflexion devenait pour elles la plus certaine des réalités; elles, et elles seules, pouvaient par conséquent ouvrir à l'ensemble des chemins nouveaux. Il est hors de doute que telle fut l'action de Jésus pour le christianisme, qu'il lui a rendu l'impossible possible, réel, nécessaire. Ce n'est pas ici le lieu d'exposer plus en détail sur quoi, d'après nous, se fondait cette action; nous renvoyons à ce qui a été dit à ce sujet dans *La Conception de la vie chez les grands penseurs*. Ici cette vie et cet être ne nous occupent qu'à titre de convaincante preuve de fait de la force et de la vérité de la religion chrétienne. Nous comprenons par là comment la vie chrétienne précisément est capable de développer des personnalités dans le plus haut sens du terme, des personnalités fermes en elles-mêmes, supérieures au monde, mais en même temps soutenues par la présence vivante d'un monde intérieur, et par conséquent sûrement préservées de l'orgueil et de la présomption.

En outre, le christianisme se montre, sur le terrain de l'histoire, éminemment propre, plus que toutes les autres religions, à libérer le problème religieux de toute attache à une particularité nationale quelconque, et cela non pas en faveur d'un humanitarisme abstrait à la manière de l'« Aufklärung », mais en faveur d'un universalisme spirituel qui s'entend à utiliser pleinement les particularités ethniques en vue des buts les plus élevés et qui, d'un point de vue supérieur, rassemble et s'efforce de concilier les éléments divers. Par là il apparaît, plus qu'aucune autre religion, non comme l'affaire d'une portion de l'humanité, mais comme l'affaire et l'œuvre de l'humanité tout entière.

Même celles des autres religions qui s'adressent non à un peuple spécial, mais à l'humanité entière, sont restées davantage liées au caractère particulier de la race au sein de laquelle elles sont nées et n'en renient pas non plus les traits dans leur développement ultérieur. Le bouddhisme fait difficilement oublier son origine indoue; le mahométisme, son origine arabe. Le christianisme, au contraire, fut bientôt arraché à son berceau juif et transplanté, quant au tronc principal, sur le sol grec, puis sur le sol romain; ainsi il prit de bonne heure des traits de nature sémitique et de nature indo-germanique, traits qui représentent les directions capitales de la vie et de l'effort humains. Ce qui appartient en propre à la nature sémitique, c'est l'énergique concentration sur une tendance principale; dans le cours de son développement, ce fut notamment la tâche morale qui, délimitée par la religion, trancha sur toutes les autres tâches jusqu'à les reléguer dans l'indifférence. Du côté indo-germanique, que les grecs, d'abord, représentèrent et surtout en face du christianisme, domine un penchant beaucoup plus fort à élargir la vie dans tous les sens; ici s'élève, par un travail objectif, un monde de culture, et l'être humain reçoit une éducation égale et complète. La rencontre de ces deux éléments dans le christianisme eut pour résultat une tension prononcée et des complications variées; les divers courants se sont souvent croisés et contrecarrés l'un l'autre. Mais leur action commune a introduit dans la vie chrétienne un mouvement puissant; en admettant ces antithèses qui semblent s'exclure et doivent pourtant s'attirer mutuellement, elle a gagné une ampleur et une mobilité inconnue ailleurs. Nous ne saurions donc voir une dégénérescence du christianisme dans le fait qu'il a attiré à soi et admis l'esprit grec, notamment la science et l'art grecs; ce qu'il y eut seulement de risqué en cela, c'est qu'il les admit souvent sans les éprouver assez au caractère fondamental de sa propre vie et sans les y accorder; c'est qu'il ne sut pas faire valoir pleinement sa propre nature en face des emprunts étrangers. Mais on n'a absolument pas le droit de lui reprocher d'avoir adopté ces problèmes de la culture et du monde, et nous ne pouvons prendre pour tâche d'éliminer tout cela comme une dégénération et de ramener le christianisme à ses premiers débuts, lesquels, du reste, ne sauraient jamais être recommencés tels qu'ils ont été. A l'essayer, nous risquerions de mettre en péril son caractère universel et d'en faire, à l'instar d'une secte, un simple soutien et moyen de consolation pour les individus.

La notion de Dieu nous montre avec une clarté spéciale comment l'opposition de ces particularités ethniques pénètre dans le domaine propre de la religion et quelles tâches importantes naissent de la rencontre des courants différents. Les Sémites conçoivent le divin principalement en antithèse avec le monde, comme le sublime, l'inaccessible, le vénérable; chez eux manque toute proximité familière, même le nom divin veut être traité avec une extrême circonspection. Rien n'était plus éloigné de leur pensée qu'un contact immédiat entre le divin et l'humain. Une conception transcendante de la religion prévalait donc décidément parmi eux. Par contre, les peuples indo-germaniques mettent le divin dans le rapport le plus étroit avec le monde, ils le considèrent comme faisant partie du monde et en étant inséparable; c'est un seul monde qui embrasse le divin et le non-divin. La religion peut alors prendre pour tâche d'unir de la façon la plus intime le divin et l'humain; les Indous comme les Grecs n'ont aucun scrupule à faire revêtir au divin une forme humaine et à le faire entrer en relation avec les hommes. La mystique, dont la patrie est le sol indo-germanique, forme un degré supérieur de cette tendance à l'union. Ainsi l'inclination dominante de la religion est ici dans le sens de l'immanence. Le christianisme a adopté les deux tendances, celle à la transcendance comme celle à l'immanence : d'une part, il a élevé le divin bien haut au-dessus du monde et a résisté vaillamment à toute confusion naturaliste du divin et de l'humain comme à une dégradation du premier, et c'est ce que nous montrent clairement les luttes des premiers siècles; d'autre part, ce divin supramondial, il l'a fait pénétrer dans le monde avec la plénitude de son essence et il en a fait, par l'amour et par la grâce, la propre essence de l'homme. La double tendance offre ici aussi, il est vrai, de grands dangers ; souvent ce qui n'emprunte vérité et force qu'à une vie originale s'est figé en formules dogmatiques. Mais un mouvement inépuisable naît du maintien de l'antithèse, du fait que le divin, incommensurablement élevé, devient en même temps ce qu'il y a de plus proche et qu'on se l'approprie; toute la vie se trouve par là mise en branle, et la réalité tout entière a pour supports la liberté et l'action.

L'indépendance conquise par l'élément germanique à l'issue du moyen âge posa au christianisme un nouveau problème. Si d'abord le christianisme avait eu affaire à des peuples de civilisation avancée et même vieillissante, une race jeune, dont le caractère s'affirmait de plus en plus sous le rapport spirituel aussi, réclama alors ses droits. Elle avait maints avantages à mettre au jeu : une plus grande profondeur et tendresse de sentiment, plus de fidélité et d'intimité dans les rapports moraux de l'homme avec Dieu, une aspiration plus forte au libre développement de l'individualité, un immense sérieux de conviction personnelle. Dès que tout cela se combina et réclama, comme ensemble, son autonomie, de graves conflits devinrent inévitables avec l'ancienne manière dont l'action culminait dans l'habile organisation de la communauté et du monde de la pensée. Ces conflits ont fini par détruire l'unité extérieure de l'Église pour une durée dont le terme est imprévisible, et ils excitent encore les esprits à de vives controverses. Mais, en définitive, une certaine unité générale subsiste pourtant dans le christianisme en dépit de toutes les divisions, et cet ensemble gagne en grandeur ce qui, du point de vue du détail, doit passer pour une perte. L'aptitude du christianisme à attirer à lui les diverses tendances des races et des peuples et à les unir toutes pour une tâche commune ne le fait-elle pas paraître avant tout comme la religion de l'humanité tout entière ? La nature spirituelle de chacun prend ici une valeur, non toutefois sans subir une purification et une transformation. C'est ainsi que l'ensemble s'élève essentiellement et que la liberté l'emporte sur la simple nature.

Quand on voit dans cette élévation au-dessus de tout caractère purement ethnique une grandeur spéciale au christianisme, on doit repousser de la manière la plus décidée toutes les tentatives modernes qui ont pour but de le solidariser avec une race particulière et de l'apprécier comme la plus haute expression de celle-ci; d'après toute notre étude, un essai de ce genre doit nous sembler être une chute du spirituel dans le naturel, une forte déformation. Le travail spirituel confère aux dispositions naturelles une valeur pour la religion aussi, mais il ne le fait qu'en les transférant sur le terrain de la liberté et en les exaltant intérieurement. Il faut nous réjouir de ce que le christianisme traite la religion comme l'affaire commune de l'humanité et, ne pas nous laisser déchoir de cette hauteur assez péniblement conquise et qui veut être toujours conquise à nouveau.

La même universalité que montre le christianisme à l'égard des différences de races et de peuples, il la montre également à l'égard des époques diverses dans sa manière d'être et d'agir. Car il a fait pour chaque époque une œuvre spéciale, il l'a même portée au plus haut degré de ses aspirations. Ce qu'il a ainsi procuré ne s'épuise pas dans une situation historique transitoire, cela continue à agir comme une tâche et une excitation permanentes. Dès lors, l'histoire n'apparait plus simplement comme une succession de phases diverses, mais comme la manifestation de mouvements et de vérités qui se maintiennent simultanément et constituent ensemble une sorte de présent supratemporel. L'histoire est donc ici quelque chose de plus que le passé pur et simple.

Le christianisme des premiers siècles a donné à une humanité en voie de dissolution un point d'appui ferme et un lien de cohésion interne ; au sein de générations languissantes et fatiguées, il a éveillé un juvénile courage de vivre, il leur a révélé des tâches nouvelles, il les a remplies de nouvelles espérances et même d'une fière assurance. Dans le grand déluge des temps, la religion devint l'arche protectrice et, comme l'arc-en-ciel de l'antique récit, la croix devint pour l'humanité anxieuse le signe de la réconciliation. — Au moyen âge, il s'agit de former des peuples nouveaux et une nouvelle humanité, la vie porta le cachet d'une éducation souvent sévère et dure, la pensée d'un ordre intangible prédomina sur tous les autres buts. Le monde des idées aussi reçut une organisation fixe ; tous les domaines de la vie, sous la direction de la religion, se joignirent en un tout. Cette organisation, nous la trouvons aujourd'hui trop rigide et trop étroite, et la domination directe revendiquée par la religion ne fut à personne plus préjudiciable qu'à elle-même. Cependant, si la solution médiévale provoque notre contradiction, cela ne doit pas nous faire oublier que non seulement elle correspondait à l'époque, mais qu'elle renferme aussi, dans la jonction des divers domaines de la vie et de l'organisation de l'humanité, un problème d'une importance permanente et auquel précisément la dissociation croissante de la vie spirituelle prête, pour nous autres modernes, une valeur très grande. Il est remarquable que des penseurs qui furent des guides du dix-neuvième siècle, des hommes tels que Hegel et Comte, aient mis justement ce problème au premier plan. — A la fin du moyen âge, le désir de la pleine indépendance de la vie intérieure devint prépondérant ; dépassant la religion, il se retourna souvent contre elle avec hostilité ; mais il trouva aussi satisfaction au sein du christianisme ; dans la Réforme, il apporta à la vie chrétienne un renforcement puissant, qui, par une action en retour, stimula aussi l'ancienne Eglise, et qui sépare intérieurement du monde d'idées du moyen âge ceux mêmes qui s'y tiennent encore extérieurement. Dans l'ensemble des temps modernes, le christianisme est devenu davantage une religion de la personnalité au lieu d'une religion d'organisation ecclésiastique ; quant à l'idée même de la personnalité, la religion lui a communiqué une profondeur et une consécration qu'elle aurait difficilement acquises par n'importe quelle autre voie.

La tendance principale des temps modernes, avec le développement croissant de l'indépendance, aboutit, il est vrai, à un conflit toujours plus aigu avec le christianisme. Qu'elle impliquât un sentiment plus énergique de la vie et fît davantage appel à l'activité personnelle dans l'existence, il n'y avait pas là de quoi produire un tel résultat; ce qui détermina une irréconciliable scission, c'est que, pour la pensée moderne, l'activité et la direction de la vie dans le sens positif sont l'œuvre propre et immédiate de l'homme, l'émanation de sa force naturelle, au lieu que, d'après le christianisme, cette direction ne procède que du rapport avec Dieu, par un renouvellement interne de l'homme, et que l'affirmation de la vie ne se produit pas tant directement que par une négation et une transformation intérieure. Il ne faut en aucune façon atténuer cette antithèse entre la manière chrétienne et la moderne, qui interdit absolument une réconciliation immédiate ; s'il est certain qu'une vie totale et complète doit la surmonter, la première condition pour cela est de reconnaître pleinement le problème et d'écarter toute dissimulation et toute atténuation. Mais au sein même de la lutte, le christianisme a été pour les temps modernes un agent essentiel de progrès : il a opposé au désir impétueux d'expansion et de manifestation d'énergie une silencieuse profondeur de la vie, à l'abandon dominant à l'incessant courant du temps l'exigence d'une vérité supratemporelle, à l'optimisme naturel à l'autre tendance et à l'enthousiasme pour la culture, les limites et les complications de l'existence humaine ; il a ainsi puissamment enrayé la chute de la vie dans le profane et le séculier, dans le vulgaire et le temporel. Ce n'est pas par simple connivence avec les organisations établies que presque tous les grands penseurs modernes, dans la pleine indépendance de leurs convictions, ont cherché un rapport positif quelconque à l'égard du christianisme, et l'ont cherché habituellement au centre de leur pensée. Dans l'antithèse même, le christianisme n'a pas laissé d'exercer une action importante.

Cependant une antithèse qui atteint si profondément jusqu'aux racines de la vie et sollicite celle-ci dans des directions divergentes ne pouvait se perpétuer. Quoi qu'on puisse tolérer dans les conditions humaines, la nécessité des choses pousse finalement à une séparation toujours plus nette ; à mesure que cette séparation s'impose à la conscience, tout ce qui est contraire au christianisme spécifique entre en œuvre, et le christianisme est entraîné dans une crise plus profonde et plus dangereuse que toutes celles qu'il a traversées dans le cours de son histoire. Car ce n'est pas tel ou tel de ses éléments, c'est l'ensemble de sa vie et de son être qui sont désormais mis en doute.

Ce n'est pas une seule ligne d'attaque, c'est la convergence de plusieurs de ces lignes, qui a déterminé une situation si tendue. Nous l'avons vu plus haut, depuis qu'a été fixée la forme ecclésiastique du christianisme, des changements de la plus grande portée se sont produits dans le monde de la pensée et du sentiment ; jusqu'à présent, on n'a pas encore accommodé au fond le christianisme à ces changements, on n'a pas encore fait ressortir nettement, en regard de ces derniers, son contenu indestructible de vérité ; la forme sous laquelle il se présente ne laisse souvent à cette vérité qu'une action troublée, elle peut fort bien apparaitre comme un obstacle, elle ne correspond pas à l'état historique de la vie spirituelle. Cela déjà complique la situation, il s'agit de problèmes qu'il n'est pas permis d'écarter comme un produit de l'arbitraire humain.

Mais ce qui rend les transformations dangereuses pour le fond de la religion, c'est moins leur matière que la tendance moderne qui s'y est jointe et souvent inséparablement amalgamée. C'est cette pensée d'immanence qui ne reconnait dans la réalité à nous connue nulle contradiction fondamentale, et croit pouvoir résoudre tous les problèmes sans sortir de notre sphère de vie. Cette pensée d'immanence est absolument incompatible avec une religion au sens chrétien; non seulement elle décompose et dissout le contenu historique de la religion, mais elle anéantit nécessairement tout besoin religieux. Or l'idée immanentiste est devenue toujours plus forte à travers le cours des temps modernes, les phases principales de ses progrès coïncident avec les principales étapes du mouvement interne de l'époque nouvelle. En opposition au moyen âge, la Renaissance chercha à mettre le divin transcendant, qu'elle maintenait, en un rapport plus intime avec la réalité immédiate et à la transfigurer par son éclat; le panthéisme des siècles suivants introduisit complètement le divin dans le monde et chercha à les conjoindre en un tout inséparable; enfin le positivisme et l'agnosticisme du XIXme siècle ont revendiqué tout l'intérêt et toute l'énergie de l'homme pour l'existence naturelle et sociale immédiate; ils ont exilé le monde de la foi dans un au-delà inconnu, et même ils l'ont rabaissé à n'être qu'un tissu de pures illusions. A mesure que le mouvement avançait, la religion pâlissait davantage, jusqu'à ce qu'elle parût enfin se dissoudre entièrement.

Tout cela, soutenu par le sentiment d'assurance propre à l'époque, constitue à la vérité un assez grand danger pour la religion. Ce qui contribue à l'ébranler directement, c'est la combinaison des facteurs déjà nommés avec les agitations sociales et les vicissitudes contemporaines. Celles-ci soulèvent les vastes couches populaires et les appellent à prononcer un jugement indépendant sur les questions ultimes de la vie et du monde. Or lesdites couches sociales n'avaient avec la religion, comme avec le mouvement spirituel, qu'un contact extérieur; elles se laissent facilement persuader qu'elle intéresse plutôt quelques classes privilégiées que l'humanité tout entière, elles ignorent tout des puissants mouvements et bouleversements historiques qui ont provoqué jadis dans toutes les classes une impérieuse aspiration religieuse, et en même temps, comme le sentiment de leur force grandit et qu'elles découvrent des buts qui leur sont propres, elles inclinent à une immédiate affirmation de la vie qui contredit directement la religion. Est-il étonnant qu'elles prennent à l'égard de celle-ci une attitude négative, alors qu'elle apparait, en face de ce torrent de vie, comme la pure survivance d'un passé aboli ?

Tout cela donne à la cause de la religion dans l'ensemble de la situation actuelle une tournure vraiment défavorable. Si l'issue dernière dépendait de cette situation, la cause pourrait sembler définitivement perdue. Mais celui qui admet avec nous l'autonomie de la vie spirituelle et qui applique cette mesure à tout l'effort et à toute la pensée des hommes, ne peut pas se contenter de suivre le penchant, même le plus fort, de l'époque ; il devra en examiner le bon droit et la limite à la lumière du contenu durable de la vie spirituelle et du rapport fondamental de l'homme à la réalité. Nous avons vu ici de si profondes complications que le courant antireligieux des derniers siècles ne peut être à nos yeux qu'un épisode transitoire. Quiconque reconnait dans la vie spirituelle la manifestation d'un degré nouveau de la réalité, et en même temps mesure clairement la distance, disons même le frappant contraste, qu'il y a entre la situation moyenne de l'humanité et les exigences de la vie spirituelle, se verra toujours ramené à la religion, à moins de s'abandonner à une négation et à une ruine totales. Ce sera le cas pour l'humanité, et on a le droit d'espérer que plus la tendance à une affirmation naturaliste de la vie procédant du pouvoir propre de l'homme a été assurée et présomptueuse, plus forts et plus vrais seront la reconnaissance des limites de la simple nature et le désir de s'élever à des rapports plus vastes. Pour autant que les courants de l'époque n'ont à leur source nulle vérité réelle, ils se survivent et se retournent facilement en sens inverse; en ce qui concerne le problème religieux, nous pouvons donc avoir une tranquille confiance dans les nécessités internes de la nature humaine.

Mais point n'est besoin de n'envisager en cela que l'avenir; même dans le présent se multiplient les signes indiquant que des dispositions et des aspirations nouvelles gagnent du terrain. Il est vrai, le cours visible de la vie va surtout en sens contraire de la religion, mais il est de plus en plus manifeste qu'il n'entraîne pas l'existence entière de l'homme, qu'un sous-courant d'une tout autre espèce réagit directement à l'encontre. Dans le rapport fondamental de l'homme au monde et dans le sentiment fondamental de la vie s'opèrent des changements moléculaires qui minent le terrain et préparent de profondes et générales modifications. Extérieurement imperceptibles, comme le sont les mouvements de ce genre, ils sont cependant ce qu'il y a de plus fort dans l'existence humaine ; là se préparent les fins de la vie, qui dominent l'effort, les normes qui donnent sa valeur à toute expérience ; là est le point de départ de l'action d'une force autrement originale que celles que peuvent mettre en œuvre toutes les opinions du monde et tous les buts sociaux. Il ne s'agit de rien de moins que du centre de notre être, de la conquête de la vraie vie, d'être ou de ne pas être, spirituellement parlant. Ce sont de tels changements internes qui ont brisé la force de la splendide culture antique ; si la culture moderne devait jouer ici le rôle d'opposant, il ne peut y avoir le moindre doute sur le point de savoir qui l'emporterait.

Eh bien ! il est manifeste que des changements de cet ordre sont en voie de réalisation et qu'ils s'accentuent toujours davantage. D'abord les expériences du XIXme siècle nous font éprouver bien plus vivement qu'on ne les éprouvait à l'époque immédiatement antérieure les résistances de la vie, les complications de l'existence humaine, les contradictions internes de notre être ; le négatif gagne du champ et influe beaucoup plus fortement sur l'estimation et la formation de la vie. Cela déjà fait voir sous un autre jour la lutte de la religion contre la souffrance et la faute. Mais cet obscurcissement des choses ne déterminerait pas forcément une révolution intérieure, si seulement les buts ultimes demeuraient fixes et si l'on ne pouvait douter qu'il y eût de la raison au fond de l'existence. Il y a peu d'inconvénient à renforcer la négation, pourvu qu'elle soit subordonnée à une affirmation. Or ce n'est plus le cas aujourd'hui ; la direction capitale de notre vie nous est devenue incertaine, nous avons vu sortir des fins mêmes que nous poursuivions, en nous y consacrant tout entiers, des complications qui mettent tout gain en question, nous voyons vaciller nos idéals mêmes. Avec un plaisir et une joie sans mélange, nous nous sommes lancés au travail, mais le travail nous a tenus captifs et a menacé de faire de nous de simples instruments ; dans son incessant déploiement d'énergie, l'âme perdait de plus en plus la possession d'elle-même et par conséquent le sens de la vie. Nous avons libéré l'homme de toute tutelle du dehors ou du dedans, nous pensions lui communiquer ainsi une grandeur insoupçonnée ; mais l'affranchissement a eu pour résultat de relâcher tous les rapports internes de la réalité, et réduit à lui-même, l'homme, en s'agrandissant à l'extérieur, a montré en soi tant de petitesse, nous éprouvons une si criante disproportion entre les immenses problèmes de notre temps et la capacité des individus pour les résoudre que nombre d'esprits sont pris de l'ardent désir d'une élévation intérieure. Ce désir sera-t-il satisfait à moins d'un point d'attache aux dernières profondeurs du monde ? Nous avons consacré une peine et un labeur indicibles aux moyens de vivre, à l'amélioration de nos conditions extérieures ; nous avons beaucoup acquis, mais nos acquisitions ne nous ont pas donné ce que nous espérions : une élévation intérieure de l'homme, une plus grande somme de bonheur. Les soucis et les luttes nous ont plutôt rendus inquiets et passionnés ; en particulier, l'aggravation croissante du combat pour les moyens d'existence nous fait sentir toujours plus vivement l'absence de buts manifestes pour notre activité. Nous peinons et nous nous empressons à en perdre haleine afin de conserver cette vie : vaut-elle bien tant d'application et de travail ? — Tous les problèmes de détail qui se posent dans diverses directions se concentrent finalement en un seul, et par cette concentration s'imposent d'un poids immense : nous en sommes arrivés à douter sur l'ensemble de notre vie, nous éprouvons aussi fort que jamais le caractère problématique de l'existence humaine. Si distinctement que les sciences naturelles nous fassent voir aujourd'hui les liens qui nous rattachent à la nature, nous hésitons à nous y livrer tout à fait, car nous serions obligés de ce chef à renoncer à toute valeur et à tout bien spécialement humains. Ainsi, nous persistons à affirmer en face de la nature un surplus quelconque ; mais ce surplus, en quoi consiste-t-il ? sur quoi se fonde-t-il ? quelle tâche impose-t-il à l'homme ? Malgré tout l'éclat extérieur de notre culture, ces questions vitales et essentielles nous laissent dans une pénible incertitude ; aussi hésitons-nous à les envisager en face, nous cherchons autant que possible à y échapper, et nous ne pouvons finalement empêcher qu'à travers cet éclat la pauvreté intérieure ne transparaisse et qu'elle ne soit sentie comme notre propre fait.

Ainsi ce n'est pas seulement à une crise de la religion, c'est à une crise de la vie totale que nous avons affaire aujourd'hui. Il en résulte que la lutte pour la religion prend un aspect beaucoup plus favorable. Car rien ne lui a été plus dangereux que l'idée qu'on pouvait sans son concours, et même en opposition avec elle, parvenir à une vie spirituelle, à une culture pleine de conviction idéale; cette opinion lui donnait l'apparence de quelque chose d'accessoire et de superflu qu'on peut éliminer sans dommage. Mais si nous nous apercevons que l'ébranlement de la religion n'est que le point saillant de l'ébranlement de la vie spirituelle totale, qu'il s'agit de lutter pour les principes ultimes et pour le tout, alors la vie tout entière s'en trouvera stimulée, excitée et sans doute raffermie, l'homme sera ramené aux derniers fondements de son existence, et on peut espérer que cela tournera aussi au profit de la religion et lui vaudra de nouveaux développements.

Si dur que soit ce combat, et si grand le labeur qu'il nous réserve encore, il est un point important sur lequel la position de la religion est meilleure qu'aux âges précédents. Les conceptions du monde qui s'en tenaient à un juste milieu, qui atténuaient la grande antithèse vitale, qui voulaient maintenir en apparence ce qu'elles niaient au fond, perdent de plus en plus leur force convaincante. On pensait jadis pouvoir affirmer dans le domaine humain, en dehors d'un ordre supérieur, une morale absolue, un monde intérieur autonome, une personnalité embrassant l'univers, etc. Aujourd'hui le doute et l'ébranlement ont atteint aussi ces grandeurs-là ; il apparaît avec une clarté irrésistible que la grande alternative ne tolère aucun moyen terme et que ce qui est en question dans la lutte, ce n'est pas tel ou tel point spécial, mais le caractère rationnel de notre existence entière.

Du fait que l'état général de la vie nous pousse à reprendre le problème religieux ressort une indication sur la manière de le traiter.

Si la religion doit se relever encore une fois de si grandes commotions et vicissitudes, il faut qu'elle se place elle-même sans arrière-pensée sur le terrain nouveau et que, en conformité avec la situation nouvelle, elle donne une nouvelle forme à ce que son essence renferme d'éternel. Nous répudions donc toute apologétique misérable dont la subtilité est employée à défendre de simples possibilités, et qui fait ressortir avec un plaisir particulier les inconvénients et les défauts des mouvements modernes ; nous repoussons également toute forme de religion qui se contente de garantir aux individus un appui et une consolation vaille que vaille, mais qui se dérobe anxieusement aux questions générales de la culture et de l'esprit. La religion ne peut redevenir une puissance qu'en acceptant ces questions avec un joyeux courage. Car l'homme, en tant qu'être spirituel, n'est nullement un pur et simple individu ; en tant que personnalité, l'infini lui est assigné et c'est le contenu total de la réalité qui le détermine. Celui donc qui lutte pour une restauration de la religion devrait en même temps lutter pour une rénovation fondamentale, pour un christianisme large, libre, grand, de nature active et progressive ; en échange de ce que la religion a irréparablement perdu en fait de secours et d'appuis extérieurs, il s'agit de lui chercher une pleine compensation, et on ne la trouvera qu'en approfondissant énergiquement le problème, qu'en découvrant de grands faits dans la vie elle-même et dans ses rapports internes considérés autrement comme allant de soi, et en assurant à ces faits une pleine action.

C'est dans ce sens qu'ont été faites les recherches qui précèdent. Elles ont préconisé une délimitation plus nette d'une religion de la vie spirituelle vis-à-vis d'une religion de simple humanité, et elles avaient pour but de contribuer à écarter ainsi avec énergie toute mesquine adjonction humaine rabaissant la religion et en compromettant finalement la vérité ; elles tendaient à fonder sur la vérité éternelle le contenu historique de la religion, en appréciant sa valeur au plus haut prix, et à s'opposer de la sorte tant à la confusion du temporel et de l'éternel qu'à une sujétion aveugle au temps ; elles ont insisté sur une séparation vigoureuse et une ferme concentration de la vie chrétienne aussi bien vis-à-vis d'un attachement servile de la religion aux formes et formules extérieures que vis-à-vis d'une plate réduction et volatilisation de son contenu. Nous avons besoin de liberté et de largeur, mais nous n'avons pas moins besoin de profondeur et de force ; réunir heureusement celles-ci et celles-là et ne point les dissocier suivant les partis, voilà une exigence pressante de notre temps.

Les tâches qui se présentent ici doivent surmonter tant de difficultés dans leur objet et tant d'oppositions de la part des hommes, qu'on pourrait facilement s'effrayer, à les considérer dans leur ensemble. Mais il ne s'agit pas d'une affaire purement humaine, il s'agit d'une nécessité interne de la vie spirituelle. Or c'est à une telle nécessité, et particulièrement à la religion, qu'il convient d'appliquer cette réflexion : « Ou bien la religion est le produit de représentations et de désirs humains, sanctionné par la tradition et par l'organisation sociale : alors aucun art, aucune puissance, aucun subterfuge ne peuvent empêcher que le progrès spirituel ne ruine cette construction artificielle ; ou bien la religion se fonde sur des faits suprahumains : alors l'attaque, même la plus violente, ne saurait l'ébranler, mais en fin de compte, au travers des misères et des peines humaines, elle doit plutôt l'aider à parvenir au point de sa force vraie et à déployer plus purement son éternelle vérité. » *(Wahrheitsgehalt der Religion.)*

IV

LA LUTTE ACTUELLE POUR LE CHRISTIANISME

1. *Le mouvement antichrétien.*

On connait les multiples conflits de l'époque moderne et de l'époque actuelle avec le christianisme et chacun en parle ; mais souvent encore on en apprécie mal l'âpreté et l'étendue, on ne considère pas assez que l'attaque va jusqu'aux fondements ultimes et ébranle les prémisses générales, que non seulement les réponses offertes par le christianisme sont contestées, mais que les questions mêmes, les problèmes posés, commencent à devenir étrangers et incompréhensibles aux contemporains. Or il est indispensable de le reconnaitre clairement pour bien traiter de la matière ; on se garderait de chercher un secours décisif dans des moyens mesquins ou dans la stricte exécution d'un étroit programme de parti, si l'on se rendait bien compte que la lutte engagée aujourd'hui ne concerne pas tel ou tel détail du christianisme, telle ou telle nuance, mais son essence intégrale et ultime. En essayant dans les pages suivantes d'en fournir la preuve sur quelques points capitaux, nous devons envisager les transformations effectives survenues dans la vie humaine, aussi bien que ce qu'en ont tiré les tendances subjectives, les opinions et les penchants, qui les renforçaient et les aggravaient. Le fait que ces transformations et les résultats qu'elles ont produits paraissent se confondre inséparablement contribue dans une large mesure à augmenter la violence et l'ardeur de la lutte.

Nous avons reconnu dans le christianisme la religion éthique de la rédemption, qui, par la médiation d'une personnalité unique, veut fonder un rapport nouveau de l'homme avec Dieu et, par le développement de ce rapport, créer une nouvelle sphère de vie dont l'Eglise est l'incarnation visible. Cela représente et implique des convictions caractéristiques dont la vie moderne s'est de plus en plus détournée. Le conflit provint d'abord de ce que le christianisme attribuait à la religion la domination pleine et entière, et que rien d'autre ne possédait vis-à-vis d'elle une valeur indépendante. Car le courant moderne poussa dès le principe à donner à la vie une tendance à l'universel, qui tînt également compte de tous les domaines particuliers ; embrasser, suivant cette disposition, tout l'ensemble des énergies et des intérêts humains, incorporer toute particularité dans un tout, cela n'excluait pas sans doute la religion, mais sa position, et aussi son importance, devaient être essentiellement modifiées, si elle avait désormais à établir d'abord son droit et à partager le terrain avec d'autres puissances vitales. Et les questions et les doutes ainsi soulevés s'accrurent avec l'expression progressive d'un type spécial de vie moderne. La vie moderne n'a nul besoin profond de religion, nul besoin de saisir un monde nouveau. Ce qui pousse l'homme vers la religion, c'est une rupture avec le monde de l'expérience, l'insuffisance ressentie de tout ce qu'il offre et peut offrir ; or, pour l'homme moderne, ce monde, avec l'étude de la nature, la conquête technique de ses énergies, l'association des individus en vue du travail politique, national et social, avec la révélation d'une évolution historique universelle renfermant des tâches et des perspectives illimitées, ce monde, dis-je, a pris une telle importance, il promet tant pour son bonheur, il occupe si constamment toutes ses capacités, il a pris tellement plus de consistance en lui-même, que le monde invisible qui dominait jusqu'à présent les aspirations et les efforts a pâli toujours davantage, et, s'il ne s'est pas totalement évanoui, a cependant reculé dans un lointain inaccessible. Lorsque, comme c'est le cas aux temps modernes, la tendance principale de la vie va à transformer l'existence immédiate en un règne de la raison, la religion passe inévitablement à l'arrière-plan. Finalement sa possibilité même est contestée avec une violence extrême, on dénonce et on rejette comme une illusion et un insoutenable anthropomorphisme ce qui subsiste de vie religieuse. Toute religion profonde suppose que les phénomènes internes de l'âme forment le noyau de la réalité ; par là, elle élève l'homme bien au-dessus du monde qui l'entoure, elle incline même à le traiter comme le centre de tout ce qui se produit. Or le courant principal de la vie moderne, la science moderne en particulier, a toujours plus rudement contesté cette position centrale de l'homme et cherché à le représenter comme un simple fragment, une partie de l'immense tissu de la nature. La doctrine de l'évolution, notamment, montre qu'il existe entre l'homme et les autres êtres la plus étroite parenté, elle le montre assujetti, même dans sa vie psychique, aux immuables conditions naturelles et dirigé par elles sur certaines voies ; la petitesse de la terre au milieu de l'incommensurable univers et le peu de durée du genre humain, comparé à l'énorme accumulation de siècles nécessaires à la formation des planètes et des étoiles fixes, contribuent aussi à déprécier l'importance de l'homme. Il apparait comme un être particulier et borné, au milieu d'autres êtres innombrables. Comment ce qui se passe chez un tel être peut-il former le centre du phénomène universel ? Comment tracer, en partant des pensées d'un tel être, une image des fondements ultimes et des forces créatrices de l'univers ? De ce point de vue, le monde de la religion semble un royaume de désirs et de rêves purement humains ; l'assistance qu'il promet n'est plus que vision trompeuse ; ne possédant en soi nulle vérité, il est impossible qu'il détermine un vrai progrès ; avec ses vaines duperies, il doit en fin de compte nuire à la vie de la façon la plus grave.

En tant que religion éthique de la rédemption, le christianisme a vu dans la manière d'être morale le noyau de la vie ; il donna à celle-ci une chaleur et une intimité particulières en la concevant comme un rapport de personnalité à personnalité, comme un accord ou une contradiction avec la volonté sainte de la divinité qui domine et gouverne le monde. Ainsi vivifiée et approfondie, la tâche morale parut déterminer les destinées de l'univers, et la position prise par rapport à elle, décider de la valeur de toute vie individuelle ; la vie entière se trouvait établie sur ce point unique et capital. Cette conception rencontra des résistances venues de différents côtés. Le regard plus clairvoyant des modernes et la vue plus exacte de l'ordre qui régit la nature aussi bien que la vie humaine ne permettent pas de douter combien peu la réalité répond aux exigences de la conviction morale, soit pour ce qui est de l'amour, soit pour ce qui est de la justice ; nous constatons avec une effrayante évidence l'indifférence des forces naturelles au bien-être ou à la souffrance de l'humanité ; nous pouvons aussi de moins en moins douter que toute entreprise tendant à faire du milieu humain un règne de justice et d'amour demeure extrêmement limitée et insuffisante. Et à côté de l'instinct moral, beaucoup d'autres instincts n'existent-ils pas dans la vie psychique de l'homme, et si celui-là veut s'élever à l'hégémonie absolue, ne voit-on pas naître de graves dangers et inconvénients ? Par exemple, n'est-ce pas rétrécir fortement et même travestir la science et l'art que de ne considérer en eux comme ayant une pleine valeur que ce qui favorise l'éducation morale ? Et même la vie tout entière semble tomber dans la fantasmagorie, si l'on n'estime que les dispositions intérieures et si les actes sont tenus pour indifférents ou au moins secondaires. Pour les modernes, la vie et l'action ne paraissent gagner pleine réalité que par le contact avec l'entourage, en se tournant vers le travail objectif ; le mouvement psychique sous-jacent devient accessoire à leurs yeux.

La nature spéciale de la morale chrétienne aggrave encore ces difficultés. Fondée dans le rapport direct de personnalité à personnalité, elle a de ce fait un caractère dominant de bonté et de douceur, de miséricorde qui supporte tout, souffre tout et pardonne tout. Or une telle morale est-elle à la hauteur des tâches humaines? Au regard de leur gravité et de leur rigueur, n'est-elle pas trop douce et trop délicate? Pour repousser le mal et réprimer la vulgarité, ne faut-il pas une manière plus forte et plus virile, qui ne craigne pas la sévérité? et pour ce qui est notamment de la vie commune, peut-elle être organisée à moins de prendre la justice comme principe directeur? De fait, c'est cette dernière méthode qui a toujours prédominé dans la vie publique, et jamais l'amour et l'indulgence n'auraient suffi à faire subsister aucun Etat. S'il en est ainsi, la morale chrétienne introduit dans notre vie une scission qui risque de nous conduire à l'insincérité.

Il y a plus, on conteste de divers côtés, avec la dernière vivacité, l'idée, si générale soit-elle, d'une limitation de notre libre arbitre par un devoir imposé et de la subordination à des fins qui dépassent le moi. De même que la lutte pour l'existence règne à travers la nature, de même, sur le terrain humain aussi, la concurrence la moins scrupuleuse paraît être le meilleur moyen de porter les énergies à leur plus haut effet et d'assurer le progrès de l'ensemble ; l'idée d'une telle intensification de la vie prévaut sur l'estimation morale, la douceur est réputée faiblesse, la faiblesse regardée comme acheminant à la défaite. D'après une tendance parente de celle-là, le désir d'une jouissance artistique et égoïste de l'individualité naturelle, telle que la représente le subjectivisme esthétique, mène à rejeter la morale comme une puissance qui amoindrit l'individualité et uniformise les hommes. Ainsi le courant de la vie moderne dépossède la morale de sa position victorieuse et la force de se mettre en état de défense ; rien n'est plus propre à miner la conception chrétienne de la vie que le manque de compréhension pour ce qui était, suivant elle, l'âme motrice de la réalité tout entière.

Le christianisme ne pouvait agir, en tant que religion éthique de la rédemption, sans la conviction d'une scission morale profonde dans l'état de l'homme, scission dont par sa propre force, si intensifiée soit-elle, il est incapable de triompher. Mais, en opposition à cette idée, les modernes demandent si une estimation si basse, une telle condamnation morale de l'homme, ne serait pas simplement le produit d'une époque particulière, d'un état temporaire d'intimidation et de dépression provenant de tristes expériences, ou peut-être la confession de certaines natures spéciales, pleines de contrastes, incapables de sortir par leurs propres forces de leurs violentes contradictions internes et de se concentrer dans l'unité ; pour eux, avec le sentiment débordant de leur énergie, avec leur travail sans cesse progressant et transformant le monde, ils n'estiment avoir nul besoin de rédemption ; ils perdent l'intelligence des émouvantes luttes morales de jadis, et l'idée de rédemption est en danger de se dépouiller à leurs yeux de toute vérité.

D'après le christianisme, l'acte décisif de rédemption c'était Dieu entrant pleinement dans la forme de vie humaine, c'était l'unification de l'essence divine et de l'essence humaine ; mais selon l'idée chrétienne, cette union ne s'était accomplie qu'à un seul endroit, dans la personne du Christ, et l'exaltation de la vie procédant de cette union devait de là se communiquer à tous. Le Dieu-homme était devenu médiateur entre Dieu et l'humanité principalement par sa souffrance substitutive, œuvre de l'amour qui s'immole. Que cet ordre de pensées ait puissamment contribué à intérioriser la vie et à approfondir les sentiments, il est difficile de le contester ; mais la formule dogmatique se heurte à une résistance toujours plus dure ; de plus en plus elle paraît exprimer une pensée anthropomorphiste, liée aux perceptions sensibles et qu'il est impossible de tolérer plus longtemps. Par contre, en raison de l'extension incommensurable des concepts touchant l'univers et du rapetissement de l'homme, les modernes trouvent inconcevable qu'une seule et même personnalité puisse être en même temps Dieu et homme, « vrai Dieu » et « vrai homme » ; ils ne comprennent pas que la faute de l'un puisse être abolie par l'acte d'un autre ; ils s'achoppent en général à la notion d'un médiateur, ne pouvant voir pourquoi l'âme n'entrerait pas en une relation directe avec la divinité.

L'idée d'une médiation s'imposa victorieusement à une époque où, désespérant tout à fait du monde prochain, on croyait ne pouvoir en distinguer assez le divin, ni l'élever assez au-dessus de lui. Il n'y avait alors pour l'humanité nul accès auprès de Dieu que par le secours de puissances médiatrices qui se résumèrent finalement en une personnalité supérieure divino-humaine. Mais l'époque moderne est tout animée de l'effort pour unir le plus étroitement possible Dieu et le monde, pour les fondre autant que possible en une seule réalité ; étant donnée la présence immédiate de l'essence et de la vie divines, comment une médiation quelconque pourrait-elle encore paraître nécessaire ? Et comment le divin, constituant le fond de toute réalité, pourrait-il ne manifester sa pleine essence qu'en un endroit particulier ? De plus, la pensée scientifique affinée des temps modernes découvre, dans la doctrine traditionnelle de la rédemption, la rencontre de différentes séries d'idées qui sont, il est vrai, amalgamées, mais non accordées ensemble. Anthropomorphisme d'un côté, spéculation et mystique de l'autre, celui-là fournissant la chaleur morale, celles-ci la largeur et la profondeur spirituelles ; mais il manque l'union interne des deux éléments, l'élément moral et l'élément métaphysique, pourrait-on dire ; il subsiste un désaccord qui s'étend à tous les concepts principaux.

Le christianisme ne voulait pas seulement sauver les individus, il voulait créer un nouvel état général de la vie, rempli de l'Esprit de Dieu ; l'Eglise devint la porteuse de cette vie. Dans un tel ordre d'idées, il ne pouvait y avoir aucun doute sur son incomparable supériorité et son droit de régir tous les rapports humains; l'Eglise dominait d'aussi haut toute organisation humaine que le divin s'élevait par-dessus l'humain. Or une culture de caractère séculier s'est élaborée dans l'époque moderne et a trouvé dans l'Etat un ferme dépositaire ; par là l'Eglise est placée en face d'un grave dilemme. Maintient-elle les anciennes prétentions, elle s'engage en un conflit toujours plus rude avec l'époque et avec l'Etat moderne ; les abandonnet-elle, le christianisme devient de plus en plus une affaire purement individuelle, il n'y a plus de sphère de vie spécialement chrétienne, et la manière séculière d'envisager et de traiter les choses menace de supplanter tout à fait la religion. Alors la religion cesse d'être troublante et inquiétante, il est vrai, mais elle n'a plus grand effet non plus, elle pourrait sans inconvénient notable disparaître de la vie humaine.

Un ébranlement aussi profond de tous les points capitaux des croyances chrétiennes devait, avec le temps, détourner les esprits du christianisme tout entier; en réalité, c'est ce qui s'est produit dans une mesure croissante, au cours des siècles. Ce furent d'abord certaines doctrines particulièrement âpres qui soulevèrent le doute et la contradiction; peu à peu la vie dans son entier, telle que l'avait façonnée le christianisme, fut entraînée dans la lutte. Au début, la critique et la négation étaient limitées à des cercles peu étendus, les masses n'étaient point touchées par le doute; la situation s'est modifiée progressivement, et des grandes villes, notamment, une négation passionnée pénètre dans des cercles populaires toujours plus vastes. Un coup d'œil sur la France montre assez que l'abandon du christianisme ecclésiastique par la majorité d'un peuple n'est pas du tout impossible. En examinant ces questions, gardons-nous d'oublier un seul instant que, du point de vue de l'expérience immédiate, la religion n'est pas la conception des choses la plus indiquée et la plus naturelle. Une religion historique, telle qu'elle existe dans le christianisme, s'est formée à travers de longues expériences et de puissantes commotions ; le désir de se maintenir spirituellement poussa à rompre avec l'existence prochaine et conduisit, en opposition avec celle-ci, à une synthèse spirituelle qui créa une sphère de vie particulière et qui en fit pour l'homme le monde par excellence. De cette sphère de vie, la réalité tout entière était aperçue sous un jour spécial ; dans son atmosphère, on avait, sinon résolu, du moins atténué jusqu'à les rendre supportables les énigmes de l'existence ; on y trouvait une réponse pleinement convaincante pour les croyants aux questions qui tourmentent l'homme et avec lesquelles il doit chercher un accommodement quelconque ; on possédait avant tout une défense contre tout ce qui attaque l'homme et menace d'ôter à sa vie toute signification. Que si cette synthèse se dissout et si l'atmosphère spirituelle correspondante s'évapore, l'impression immédiate de la réalité, avec tout ce qu'elle a de rigide et d'obscur, agit alors sans obstacle, les énigmes de l'existence se posent en toute énergie, ce qui auparavant semblait se comprendre de soi devient problématique; tout ce qui demeure sans solution tourne en reproche, en accusation contre la religion.

Or si, par cette tournure des choses, la négation fait des progrès croissants, il est parfaitement concevable qu'elle s'accentue jusqu'au rejet brutal et même à l'irritation passionnée. Car il n'y a pas de moyen terme en ces questions et tout accommodement à l'amiable est exclu. La synthèse opérée par la religion contredit-elle la vérité, a-t-elle déformé et faussé la vie jusqu'en sa plus intime structure, il est alors impossible de la tolérer plus longtemps; la combattre sans réserves, dans l'intérêt de la santé et de la sincérité de la vie, devient un devoir pressant. Les procédés d'attaque contre le christianisme peuvent être souvent du plus mauvais goût; il ne faut pas en vouloir aux adversaires de leur vive ardeur, car elle est en rapport avec l'importance de l'objet mieux que la tiédeur des partisans du juste milieu.

Ce qui est surprenant et absurde, et assez fréquent aujourd'hui, c'est la manière de penser des amis des lumières qui rejettent en bloc le christianisme comme une erreur, et en même temps entonnent un hymne triomphal à la grandeur de l'homme capable de se tirer d'affaires au moyen de ses idées éclairées et de s'arranger une existence magnifique après la fin de la superstition. Car cette prétendue superstition a, pendant des milliers d'années, subjugué même les meilleurs, produit un immense travail spirituel, ému les dernières profondeurs de l'âme. Et cela pour une grande portion de l'humanité. Si, avec tous ces effets, elle n'était qu'une pure illusion, il devrait en résulter une profonde défiance à l'égard des capacités de l'homme ; s'il a pu errer si lourdement, si complètement dans des questions relatives à l'ensemble de sa vie et au tréfond de son être, il serait merveilleux qu'aujourd'hui le pouvoir d'arriver sûrement à la vérité apparût soudain en lui. Cela produirait plutôt une grave commotion et un découragement complet, de constater par l'expérience de l'histoire que l'humanité est tellement faible et désarmée quand il s'agit des questions capitales concernant sa propre existence. Ainsi la rupture avec le christianisme ruinerait à fond la confiance de l'humanité dans ses propres capacités et assurerait la prédominance d'une vue désespérante des choses humaines. Un tel effet ne pourrait, il est vrai, ni ne devrait empêcher cette rupture, au cas où elle serait exigée par une nécessité interne. Un large courant contemporain affirme cette nécessité, mais nous nous proposons de montrer maintenant qu'il existe un courant contraire.

2. *Réveil du problème religieux.*

Le réveil du problème religieux qui s'accomplit autour de nous est moins le fruit de tentatives apologétiques que la conséquence d'expériences de l'humanité ; la preuve qu'on ne saurait se passer de religion a été fournie moins directement qu'indirectement. Il est apparu qu'il n'était pas si simple d'écarter la religion de la vie humaine, et qu'en l'ébranlant on cause à l'humanité des pertes qu'elle peut bien oublier momentanément, mais non pas supporter à la longue. Cet ébranlement marque le début d'une décadence interne de la vie, décadence qui menace de la dépouiller en fin de compte de toute signification et de nous déprécier profondément. Mais une résistance est inévitable ; d'abord émotion timide, elle s'amplifie de plus en plus et prend une énergie passionnée. Les mouvements qui en procèdent transforment l'aspect général de l'existence humaine et nous mettent dans une tout autre position vis-à-vis du problème religieux. De nouvelles vagues de vie s'élèvent et entraînent dans une direction nouvelle ; celui qui n'en tient pas compte demeure, malgré la modernité qu'il peut affecter, au-dessous des vraies exigences de l'époque.

En plaçant l'homme dans un rapport immédiat avec la puissance qui est le fondement du monde et qui le gouverne, la religion lui procurait une vue et un jugement sur toute l'existence donnée; en faisant se rencontrer en lui des variétés diverses de réalités et en l'appelant à prendre position, elle l'obligeait à des décisions qui concernaient le tout; l'union avec Dieu enfin, où tendait son effort, rapprochait moralement de lui l'ensemble de l'univers et en faisait pour lui un objet d'expérience interne.

Avec la chute de la religion disparaît le lien de cohésion du monde, le monde se dissout en éléments juxtaposés. Dans cette juxtaposition l'homme se trouve absolument inclus; il faut qu'il s'accepte tel qu'il est, de même que son entourage; sa vie devient une liaison et un développement de rapports avec l'extérieur; intérieurement elle demeure rivée à un point isolé, sans pouvoir en aucune façon s'en détacher et se transporter dans d'autres êtres et finalement dans l'univers. A la longue, il est impossible qu'il ne voie pas l'étroitesse et la petitesse d'une telle vie; car, en vertu de son organisation spirituelle, il n'est pas entièrement absorbé par les relations avec son entourage, il n'est pas un simple fragment dans un enchaînement causal donné; sa pensée l'arrache plutôt à cette liaison, le force à concevoir le monde en un tout et à prendre position vis-à-vis de ce tout. Son sentiment et son effort ne sont pas non plus limités à un simple point, il ne peut s'abstenir de participer à ce qui se passe au delà de sa sphère particulière, et cette participation fera naître aussi nécessairement des désirs et des aspirations dirigés dans ce sens. Mais si l'homme participe ainsi à une vie plus large, si même l'ensemble de la réalité lui est présent, ce doit être pour lui une étroitesse et une petitesse insupportables que de se limiter exclusivement à un point isolé, de ramener toute vie à ce qui se passe sur ce point ; le désir d'en sortir en quelque façon ne se laissera pas écarter. Or comment le satisfaire si, en niant la religion, on abandonne toute cohésion interne de la réalité, et si le monde est transformé en une simple juxtaposition d'éléments ? D'un point à un autre apparait alors un abime impossible à combler, et toute pensée, tout sentiment, toute vie universels doivent tomber comme de vaines imaginations.

La question touchant la valeur de la vie et de l'activité humaines se rattache étroitement à ce qui précède. Cette valeur était incontestable lorsque l'homme se trouvait en rapport direct avec la puissance qui gouverne le monde, et qu'il était l'objet de sa sollicitude, lorsque de plus sa décision influait sur l'état de l'ensemble comme une impulsion ou comme un obstacle, et qu'il y avait en jeu des biens situés au delà du bien-être subjectif des individus. La pure intériorité était ainsi dans la religion le lieu principal des phénomènes; il y avait une histoire de l'âme, suivant laquelle tout ce qui se passait à l'extérieur était chose secondaire; chaque individu portait en soi, à l'état de forte tension, les destinées universelles et devait en faire à nouveau l'expérience. Il n'avait pas lieu de douter du sens et de la valeur de sa vie, et ce sentiment le trempait pour affronter toute obscurité et toute souffrance et lui donnait au sein du combat une joyeuse sécurité.

Ce monde intérieur se dissout-il au contraire en ombre et en rêve, la vie perd-elle toute profondeur et ne se déroule-t-elle que sur un seul plan, alors l'individu devient un point indifférent au sein d'une agitation sans limites; son activité intérieure et personnelle, qu'il s'en trouve bien ou mal, est dépourvue de toute signification aussi bien pour la société humaine que pour la grande nature; seules l'action extérieure, ou bien la sensation subjective du plaisir peuvent donner à la vie une certaine valeur. Mais à supposer que la vie ne se composât que de moments de plaisir, cela pourrait-il suffire à l'homme, dont la pensée dépasse et doit dépasser la disposition du moment, et qui ne peut renoncer à une totalité? Et s'il y a autre chose dans la vie que plaisir et joie, si elle coûte beaucoup de travail et de peine, si elle exige beaucoup de renoncement et de sacrifice, le sentiment de l'indifférence complète n'aura-t-il pas pour effet de nous paralyser?

C'est en se tournant vers l'action que la pensée moderne va de l'individu à l'ensemble de l'humanité pour donner de là une valeur à la vie. Mais, ou bien l'humanité n'est qu'un agrégat dont les fragments ne se touchent que par le dehors, et, dans ce cas, en nous tournant vers l'action, nous n'avançons pas d'un pas, ou bien elle a comme base un monde intérieur, et alors la simple expérience est dépassée et on reconnaît la présence d'un monde invisible dans la vie humaine. Autrement la vie et l'activité humaines sont absolument dépourvues de valeur.

La religion représente l'idée que la mesure des choses n'est pas en l'homme, mais en Dieu; elle soutient ainsi une vérité supérieure aux pensées et aux capacités de l'homme, vérité qui mesure et juge toutes les entreprises de celui-ci. En dehors de cette autonomie de la vérité, il n'y a nulle science, nulle construction possible d'un monde spirituel, nulle culture spirituelle opposée à la culture purement humaine, à la comédie de la culture; mais cette autonomie ne peut se maintenir si, limitant la vie à l'existence immédiate, on fait ainsi de toute vie spirituelle un pur phénomène en l'homme, un produit purement humain. Car alors, pour décider du vrai et du faux, il n'y a d'autre compétence que les opinions et les tendances humaines, si fortuites et vacillantes soient-elles; avec la disparition d'une vérité supérieure s'évanouit toute distinction de valeur, l'opinion de l'un a précisément autant ou aussi peu d'importance que celle de l'autre, celle d'un sot autant que celle d'un génie, celle du vaurien que celle du héros; nulle n'aurait le droit de prévaloir sur les autres. Pratiquement la puissance appartiendrait donc à la masse; la majorité, c'est-à-dire le suffrage universel et égal, devrait décider du bien et du vrai, et la valeur d'une production artistique serait déterminée en dernière instance par le jugement du public des grandes villes. Car avec quelle force et de quel droit un individu pourrait-il opposer à ce jugement, comme lui étant supérieure, sa propre conviction? Une telle foi dans les masses peut bien séduire les esprits aussi longtemps qu'à la manière de Rousseau, on les tient pour nobles et pures, encore indemnes de la corruption d'une culture raffinée et guidées par un sûr penchant vers la vérité; mais il est difficile de contester que les expériences récentes ne sont pas précisément favorables à cette glorification romantique. L'abandon d'une vérité supérieure doit donc produire son plein et entier effet et détruire en conséquence toute impulsion vers la vérité.

Peu de faits furent aussi importants dans l'action historique des religions que la cohésion qu'elle donna à la vie, la synthèse spirituelle par laquelle elle tint groupés tous les efforts, les dirigea sur un but principal déterminé et les joignit en un vaste cercle vital, imprimant tout d'abord par là un caractère bien net à la vie spirituelle. Cette cohésion eut pour effet de rapprocher les uns des autres les divers domaines vitaux, d'établir entre les hommes une communion morale, de les rendre capables de se comprendre mutuellement, de sympathiser et d'agir les uns pour les autres. Il se peut que, dans certaines nations, une telle unité de vie se constitue tant bien que mal en dehors de la religion; pour l'ensemble de l'humanité, cela ne paraît possible qu'en s'attachant à une vie qui s'élève au-dessus des conditions de dépendance et de dispersion propres à l'existence humaine. Faute de ce lien interne, la variété et la divergence des éléments qui constituent l'existence immédiate prennent inévitablement le dessus; à moins d'une réaction, les voies s'écartent de plus en plus l'une de l'autre, nous devenons toujours plus étrangers mutuellement, jusqu'à ce que nous vivions enfin dans des mondes complètement séparés. On peut aujourd'hui déjà faire la pénible constatation d'une pareille déchéance interne; la culture elle-même est divisée et suit des voies très divergentes, une confusion babylonienne des langues se propage et nous sépare toujours davantage en partis et en factions, menaçant de plus en plus de provoquer une guerre de tous contre tous. Sans doute, nous nous trouvons unis dans le travail, dans l'action extérieure; mais l'unité qui naît de ce fait ne règne pas au dedans et ne gagne pas l'âme tout entière. Une usine bien organisée nous offre une très claire image du caractère particulier de ce travail: ainsi notre existence entière deviendrait un labeur accompli dans une vaste fabrique de civilisation où chaque individu serait employé comme un rouage utile. Est-ce que cela peut nous suffire? quel est, en définitive, le but d'une pareille fabrique et à qui servent ses produits?

Nous nous sommes occupés jusqu'ici de la religion en général, et nous avons vu que sa ruine est loin de ne procurer que des avantages, ainsi que le proclament ses adversaires. Mais on recommence, sur le terrain propre à notre époque, à mieux comprendre la nature spéciale du christianisme; les questions qui s'y rattachent, sinon les réponses, sont de plus en plus reconnues inévitables. C'est surtout le cas pour la morale, qui, selon le christianisme, est avec la religion dans la connexion la plus intime. Si la position traditionnelle de la morale a suscité mainte contradiction, cela tenait assurément pour une grande part aux conceptions insuffisantes, trop étroites et trop rigides que l'on s'en faisait; mais si on l'a rejetée en même temps que celles-ci, si l'on a négligé de pénétrer, en les dépassant, jusqu'à la véritable essence de l'objet pour se former un jugement d'après elle, cela provient surtout de ce que la vie moderne est devenue toujours plus extérieure et superficielle. Il y a pour la morale trois choses essentielles. Quant au contenu, c'est la vie détachée des intérêts strictement bornés, le vouloir et l'effort personnels accordant une place à d'autres êtres et en fin de compte à la réalité tout entière. Quant à la forme, elle exige que ce but soit élevé au-dessus de tout caprice humain, que le devoir soit reconnu; la voie indispensable pour sa réalisation est celle de la liberté, de la libre disposition de soi-même. Contenu et forme donnent ensemble à la vie un caractère d'ampleur incommensurable, de sérieux profond, de pleine originalité; la vie tout entière en est essentiellement rehaussée. Une modification du premier aspect des choses est nécessaire pour accomplir cela; mais une vie qui repousse cette modification, qui demeure enchaînée au moi, à laquelle manque toute idée du devoir, qui insère absolument l'homme dans le mécanisme de la nature, à peine peut-elle encore passer pour une vie spirituelle; elle ne le peut, en tout cas, si elle prend vraiment au sérieux ses affirmations.

Plus puissant est le mouvement produit par la culture moderne, plus elle appelle l'homme à déployer toute sa force et éveille en lui des prétentions sans limites, plus les individus se heurtent rudement les uns aux autres dans la compétition pour le pouvoir et le bonheur, plus aussi il devient nécessaire qu'une vie spirituelle autonome domine la sauvage et tumultueuse poussée et sépare des erreurs des hommes ce que leur labeur renferme de vrai. Or la vie n'acquiert cette autonomie qu'avec la morale; l'ébranlement de la morale entraîne nécessairement un affaiblissement interne de la vie spirituelle et la subordonne au processus naturel. Alors le torrent des intérêts et des passions emporte l'individu, privé de volonté; il cesse d'être maître de soi, il devient esclave de ses penchants de nature et de ses convoitises, le plus indigne de tous les esclavages, bien qu'il le proclame souvent lui-même, avec une involontaire ironie, comme la suprême liberté.

Quiconque mesure dans leur entier les pertes qui en sont résultées jusqu'à présent et les dangers qui menacent encore, ne fera pas au christianisme un reproche, mais un titre de louange, de n'avoir pas hésité à subordonner la nature à la morale et d'avoir mis le soin de l'âme bien avant les occupations touchant le monde extérieur. Il ne s'agit pas, dans la lutte pour la morale, de combattre pour des intérêts également justifiés, mais de décider entre la superficie et la profondeur, entre des fragments détachés et l'ensemble interne de la vie.

La conception plus spéciale de la morale dans le christianisme, la prédominance accordée à l'amour et au rapport de personnalité à personnalité, a rencontré des contradictions variées et suscité mainte attaque. Mais, à cet égard aussi, on s'en est trop tenu au côté extérieur et on s'est formé un jugement d'après certains phénomènes problématiques. Si l'amour chrétien n'était que faiblesse et mollesse, le christianisme eût malaisément triomphé d'un monde hostile et construit, en face du règne de l'expérience, une nouvelle sphère de vie ; il lui eût été difficile de pénétrer si profondément toutes les relations. Et quiconque connait autrement que par ouï-dire le mouvement interne du christianisme sait aussi que sur le terrain chrétien le problème de la justice n'a pas du tout passé inaperçu, que la question du rapport entre l'amour et la justice a été traitée de la façon la plus sérieuse, que des penseurs et des artistes du premier rang, tels qu'un Augustin ou un Dante, ont consacré le meilleur de leur force à la solution de ce problème.

La confusion, qui flotte dans l'esprit des adversaires, entre l'amour chrétien et l'amour sensuel et naturel, par exemple l'amour sexuel, a beaucoup embrouillé les choses, notamment en présentant l'amour comme facile, accessible à chacun, tandis qu'en réalité il désigne un profond mystère et postule une réalité nouvelle. Car que la vie se détache d'un point particulier sans s'affaiblir ni s'exténuer, mais en développant une activité intensifiée et même créatrice, que tout ce dont elle s'empare ainsi, elle l'élève de la manière la plus essentielle en se l'appropriant, cela ne se conçoit absolument pas du point de vue de l'existence sensible et strictement bornée; cela exige un monde nouveau, une action originale venant des profondeurs, cela n'est possible que par la force du tout qui saisit l'individu et crée en lui une vie nouvelle. Aussi Augustin soutient-il à juste titre que l'amour humain authentique a pour base l'amour divin et ne s'élève que par là au-dessus d'un simple penchant de nature, et Spinoza distingue de l'affection purement naturelle une variété plus haute de l'amour *(amor intellectualis)* et y trouve l'achèvement suprême de la vie ; de même le pouvoir créateur d'un poète comme Gœthe porte en soi la capacité de se mettre, par l'intuition pure, à la place des hommes et des choses, de participer joyeusement à leur vie comme à la sienne propre et de rendre clairement ce qu'on éprouve ainsi. Qu'est-ce autre chose que de l'amour ? Et voici comment un logicien énergique tel que Hegel exprime en son langage le grand problème du mystère de l'amour, abandonnant la vie ancienne et retrouvant une vie nouvelle : « L'amour est la plus énorme des contradictions ; l'intellect ne peut la résoudre, car il n'y a rien de plus dur que cette ponctualité de la conscience personnelle, qui est niée et que je dois cependant tenir pour affirmative. L'amour produit et résout tout ensemble la contradiction. »

Le christianisme, comme nulle autre religion, a placé au centre de la vie ce grand problème, ce fait rénovateur du monde, et il a entrepris de l'élever, dans la sphère humaine aussi, au rang de puissance souveraine. En renonçant à cela, ne fût-ce que pour un temps, l'humanité subirait une perte incalculable et tomberait dans la plus profonde déchéance. L'homme moderne le peut moins que tout autre. Car il aperçoit dans une clarté aveuglante la complète indifférence du cours naturel des choses à l'égard de son bien-être ou de sa souffrance, de même que l'insuffisance, disons le caractère illusoire, de tout de ce que la sphère purement humaine peut produire en fait d'amour. S'il ne reconnaît une puissance universelle d'amour, sa vie doit perdre toute espérance et tout point d'appui. Eh bien, nous avons autour de nous une religion qui proclame avec la plus grande insistance cette puissance universelle et la rapproche de chacun de nous. Et voilà ce qu'il faudrait nous laisser enlever, à en croire des esprits superficiels, au lieu de nous en emparer et de le développer avec joie !

Toute religion de rédemption suppose que l'existence humaine immédiate est affectée d'une contradiction qu'elle est incapable de résoudre sans sortir de soi et qui cependant est intolérable ; le christianisme trouve cette contradiction dans notre attitude morale ; il trouve cette attitude radicalement aliénée du vrai but, il réclame donc forcément un homme nouveau, une vie nouvelle. La manière dont cela est transposé en idées et en doctrines peut être souvent fort attaquable : à travers les objections le fait fondamental a percé victorieusement, aussi longtemps qu'il était encore présent à l'humanité comme expérience personnelle. Les modernes, avec le sentiment de leur force, leur désir de vie intensifiée, les brillants succès de leurs travaux, ont refoulé cette expérience et l'ont mise temporairement en oubli ; mais les essais et les complications du XIXme siècle et de l'heure présente la font réapparaître et nous empêchent toujours davantage d'éprouver une pleine satisfaction dans le travail de la culture et un joyeux enthousiasme pour le progrès. Il est de moins en moins possible de se dissimuler que la vie humaine tout entière est affectée d'une contradiction tranchée qui atteint son point culminant dans la conduite morale. Le développement de la vie spirituelle s'accompagne chez l'homme de l'apparition d'un nouveau degré de la réalité qui met au jour des grandeurs, des énergies et des tâches tout autres.

Il ne s'ensuivrait nulle contradiction si la prépondérance était assurée à l'élément réellement supérieur et si cet élément s'assujettissait toujours mieux l'ensemble de la réalité. Or l'expérience témoigne qu'il n'en va pas ainsi. L'inférieur ne persiste pas seulement dans sa nature, mais il attire à soi le supérieur dont il utilise les énergies pour ses propres fins ; le supérieur, de son côté, paraît réduit à compter pour subsister sur le secours de l'inférieur et s'écrouler sans lui. De là un bouleversement particulièrement sensible à l'heure actuelle dans le travail spirituel de plus en plus submergé par l'action politique, scientifique, artistique, par des intérêts et des vues mesquinement humains, dans l'aspect illusoire et trouble qui est la conséquence de cet amalgame, dans le rapetissement inévitable des personnalités, dans l'arrêt de toute création exigeant l'effort de tout l'homme. On ne peut réfléchir à de telles confusions sans reconnaître dans l'existence humaine une grave contradiction. Il y a dans cette existence l'amorce d'une vie plus haute, qui ne saurait être l'œuvre de la fantaisie de l'homme et qui porte en soi un tournant de la vie universelle ; mais si elle est sans doute assez forte pour provoquer un mouvement quelconque et nous faire paraître insuffisant le genre de vie antérieur, elle n'a pas l'énergie nécessaire pour se réaliser victorieusement ; ainsi l'individu demeure absolument enveloppé dans la confusion et ne voit pas le moindre jour à en sortir. Car on ne peut guère douter que l'idée de progrès, avec l'espoir d'une amélioration graduelle, n'échoue pitoyablement contre le caractère fondamental de cette contradiction ; tout mouvement en avant de l'humanité en demeure affecté et l'aggrave plus qu'il ne l'atténue. Se résigner de guerre lasse à une telle situation équivaut à ruiner la vie intérieure ; la nécessité de la conservation spirituelle pose donc à l'homme la question pressante de savoir s'il ne pourrait descendre plus profond, si une vie nouvelle provenant d'une énergie supérieure ne pourrait s'allumer en lui, vie qui le libérerait de l'étroitesse de sa nature spéciale, poserait de purs commencements en face de cette confusion trouble, et ferait de la vie spirituelle sa vie véritablement personnelle. Mais il est indispensable de dépasser pour cela le domaine de l'expérience immédiate, d'intervertir la réalité que nous avons immédiatement sous les yeux, et nous sommes ainsi engagés sur la voie de la métaphysique et de la religion. Il ne saurait entrer dans notre tâche de poursuivre cet ordre d'idées ; il s'agissait seulement ici de montrer que les complications et les bouleversements dont nous avons parlé font paraître la lutte du christianisme pour le salut de l'âme, pour l'acquisition d'une vie nouvelle et pour l'union du divin et de l'humain, sous un tout autre aspect que ne le faisaient l'assurance des générations précédentes et leur enthousiasme pour le progrès.

Qui considérera tout cela et se représentera les dispositions fondamentales de l'humanité actuelle ne niera pas que d'importantes transformations internes ne soient en voie de se réaliser ; pour les profondeurs de l'âme, ces transformations font sentir l'insuffisance et le caractère suranné de ce que notre époque présente de plus élevé à la surface de notre existence journalière. La culture moderne, dans son développement, a décelé d'infranchissables limites; il devient évident qu'elle n'est point un agent suffisant de progrès pour l'homme intégral et ne peut donner à sa vie un point d'appui solide. Pendant longtemps l'humanité a été favorablement prévenue par le profit que lui valait ce mouvement d'une puissance incontestable et soutenu par une nécessité interne; mais maintenant on éprouve toujours mieux combien de choses il laissait perdre ou repoussait en arrière. Ces pertes demeurèrent moins visibles tant que subsistait l'atmosphère spirituelle ancienne et qu'on pouvait y placer, pour le transformer, l'atténuer ou le compléter, tout ce que produisait de nouveau une culture purement temporelle et humaine. Mais depuis que cette atmosphère s'est peu à peu raréfiée et volatilisée, ce complément est devenu plus faible, et le nouveau a manifesté plus clairement et plus fortement ce qu'il renfermait de négatif et d'exclusif. Et en même temps, il est de moins en moins possible d'en méconnaître les limites, et l'évolution spontanée devient toujours davantage une désagrégation spontanée. Les doutes et les complications qui s'ensuivent, plaçant la vie entière en face de nouvelles tâches, mettent aussi l'humanité dans un rapport nouveau à l'égard du problème religieux ; s'il a paru un moment résolu dans le sens négatif, il surgit à présent avec une nouvelle force.

---

3. *Complexité de la situation nouvelle.*

La situation qui résulte des mouvements que nous venons d'exposer est extrêmement compliquée, et il ne sera pas du tout aisé d'en sortir. Il est incontestable qu'on recommence à se tourner vers la religion, quelle que soit encore la hardiesse de la négation dans la grande masse des demi-cultivés, et on ne peut méconnaitre non plus qu'il ne s'ensuive un certain rapprochement à l'égard du christianisme, qu'on n'ait à tout le moins une compréhension plus éveillée de ses problèmes. Mais il n'y a nullement là un simple retour à la forme chrétienne traditionnelle ; en dépit de tout rapprochement, on en reste séparé par un vaste abîme. Si l'humanité est ainsi rejetée vers la religion, en conséquence des doutes que lui inspire la culture, ce fait se produit sur une base plus large et exige une plus grande ampleur de vie que ne les garantit le christianisme ecclésiastique, et on ne saurait se dissimuler que, dans beaucoup d'esprits, de fortes aspirations religieuses s'allient aujourd'hui à une antipathie profonde contre la forme ecclésiastique traditionnelle ou, en tout cas, à la lassitude à l'égard de celle-ci. Pour discutables que soient certains côtés de la culture, notamment sa prétention à suffire à tout, elle a accompli, en dehors de tout arbitraire et de toute erreur, de grandes transformations dans notre vie, elle a développé et nous a appliqué des énergies nouvelles, elle nous a placés dans un rapport nouveau avec le monde et avec nous-mêmes ; tout cela, il est impossible de le retirer purement et simplement ou de l'interpréter paisiblement et à l'amiable dans le vieux sens. Ceux qui estiment possible un accord direct entre l'ancien et le nouveau ont coutume de faire remarquer que l'image du monde seule s'est essentiellement modifiée, mais que rien n'empêche que la vie chrétienne se maintienne en paix dans son type d'autrefois. Mais il faut se refuser décidément à séparer ainsi le monde et la vie, ce qui ne se pourrait qu'en rabaissant celle-ci, au point de vue spirituel, et en en faisant une affaire purement subjective. Assurément des changements dans notre représentation du monde peuvent demeurer sans influence sur l'ensemble de la vie ; combien, par exemple, les conséquences de la révolution accomplie par Copernic ont été lentes à se faire sentir ! Mais dès que le changement devient général, dès qu'il emporte avec soi une transformation dans la manière de penser, il entraîne immédiatement aussi un développement de la vie et les suites s'en étendent à l'état intégral de l'âme. Que la nature se manifeste à nous comme dominée par des lois simples et constituant un tissu sans lacunes de causes et d'effets, cela nous impose des tâches nouvelles et nous rend capables de nouveaux actes auxquels on ne pensait pas aux époques précédentes ; et ce n'est pas moins le cas pour la transformation de la vie historique en un devenir mû par ses propres énergies et n'ayant nul besoin d'un secours miraculeux. En acquérant un rapport nouveau avec notre entourage, nous sommes devenus d'autres hommes, et notre activité aussi a pris un autre caractère.

Mais notre vie s'est aussi essentiellement modifiée quant à son contenu interne et non seulement quant à ce rapport avec le dehors. Le travail spirituel s'est dégagé plus librement de l'existence sensible, il a mis une plus grande distance entre le sujet et l'objet ; il a aussi cherché à se libérer davantage des conditions particulières de la situation humaine, et en développant des lois et des mobiles propres, à lutter contre l'étroitesse et la sujétion excessives de la pure nature humaine. Un mouvement de cette sorte venant à gagner à son tour la religion, ainsi qu'il est inévitable, une grande partie de son contenu traditionnel apparaîtra nécessairement comme un mélange de sensible et de spirituel, de subjectif et d'objectif, une autre comme un intolérable anthropomorphisme ; la religion, dans sa forme ecclésiastique, paraîtra arrêtée à un degré que nous avons actuellement dépassé et auquel il nous est tout aussi impossible de revenir qu'il ne l'est de retourner d'une phase de vie à celle qui l'a précédée.

La position antérieure de la religion dans l'ensemble de la vie spirituelle ne se laissera pas non plus rétablir si simplement. Jadis la religion passait pour ce qui fait seul la valeur de la vie ; ce qui était en dehors d'elle semblait chose accessoire, plus ou moins indifférente. Par contre, l'époque moderne a éveillé le désir d'une vie universelle et justifié ce désir par de puissantes productions ; elle exige que chaque domaine particulier, si éminent soit-il, démontre son droit dans l'ensemble et participe à la vie de l'ensemble.

La religion aussi ne peut se soustraire à cette exigence, quel que soit son droit à être tenue pour l'âme de l'ensemble ; or elle doit, pour y satisfaire, subir de notables modifications jusque dans les idées spéciales, par exemple l'idée de Dieu. C'est en tant que membre de l'ensemble qu'elle devra aussi participer au mouvement de l'ensemble, et elle ne pourra par conséquent présenter une forme historique particulière comme étant la vérité absolue, la conclusion définitive; bien qu'elle représente une vérité éternelle et qu'elle se sente par là élevée au-dessus du courant du temps, l'éternel, dans son déploiement pour l'homme, devient une tâche religieuse qui se renouvelle sans cesse. Là où domine cette conviction, le terrain du christianisme ecclésiastique est manifestement abandonné.

Est-ce à dire cependant qu'il faille se séparer tout à fait du christianisme et chercher autant que possible à en détourner le flux religieux qui recommence à monter? Nous n'y serions contraints que si la forme ecclésiastique traditionnelle s'identifiait tout simplement avec le christianisme, s'il avait déjà épuisé en elle toute son essence et toute sa force. Or rien n'est moins certain. Qu'il soit d'abord bien entendu qu'une religion ne se construit pas d'une manière artificielle. L'entreprise qui consiste, en rejetant toute donnée historique, à créer du milieu de notre culture compliquée et raffinée, au moyen d'une réflexion circonspecte, des religions nouvelles, implique une complète méconnaissance de l'élément essentiel et actif dans la religion; à cause de cela déjà elle est condamnée à un sûr échec. Une religion n'est pas en première ligne une simple doctrine des choses divines et humaines — une composition plus ou moins habile peut très bien assurément mettre sur pied une telle doctrine — mais elle recèle des révélations primordiales de la vie de l'esprit, des développements de la réalité, de grandes synthèses vitales qui ont surgi avec une force supérieure dans des mouvements et des commotions puissants et qui dans la suite se sont attestés assez forts pour gagner des cercles étendus de l'humanité, leur donner une cohésion interne et faire du monde invisible le lieu principal de la vie. Un tel renversement de la situation ordinaire ouvre une riche réalité qui appartient à l'humanité entière et renferme de précieuses expériences de l'humanité entière ; celui qui voudrait se séparer de ce grand courant d'expériences communes ne tarderait pas à éprouver combien petit est en cette matière le pouvoir de l'individu isolé. Il est facile de critiquer la tradition, il ne l'est pas moins de dessiner de vagues perspectives ; mais combien il y a loin de là à une création sûrement progressive, à une synthèse générale contraignant les esprits avec une force élémentaire ! Construire une religion au moyen d'idées prudemment forgées, c'est vouloir bâtir un corps réel en combinant des ombres.

S'il est certain, d'après cela, que l'effort pour rénover la religion ne saurait s'abstraire des mouvements et des expériences de l'humanité, le maintien d'une continuité historique quelconque, le rattachement de notre propre travail à la religion traditionnelle doivent nous être précieux. Mais il faut assurément en rechercher et en établir d'abord la possibilité, voir si les mouvements modernes n'ont pas creusé un abime infranchissable entre les aspirations anciennes et les nouvelles. Ce qui nous interdit, en particulier, de prendre cette question à la légère, c'est la conviction que non seulement le monde des idées, mais la conduite de la vie est devenue essentiellement autre. Que reste-t-il donc pour nous unir, pour faire apparaître les efforts anciens et les nouveaux comme des phases d'un unique mouvement continu? On n'en saurait douter, le premier aspect des choses n'offre nul lien d'unité, c'est la diversité qui l'emporte, il parait y avoir séparation tranchée entre ce que nous possédons et ce à quoi nous aspirons. On ne perçoit quelque chose de commun qu'en dominant l'aspect premier, qu'en partant de la conviction que la chose capitale dans la religion, ce n'est pas la situation de l'humanité ni la disposition où elle vit, avec tout ce qu'elles ont de fortuit, mais bien plutôt la réalité spirituelle caractéristique qui se développe en elle, qui n'a pas son origine dans la la situation particulière de l'humanité, n'ayant été que préparée et soutenue par celle-ci dans son action. Le christianisme n'est pas le pur et simple produit des premiers siècles ; ceux-ci ont seulement préparé le terrain sur lequel sa vérité pouvait percer.

Or toute notre étude a été en faveur de la conviction que dans le christianisme, religion morale de la rédemption, s'est manifestée une réalité spirituelle de cette nature, une réalité qui communique à notre vie une profondeur originale et lui propose des buts qu'il est impossible de dépasser. Cette réalité spirituelle, avec son déploiement de vie, est située elle-même au-dessus des vicissitudes du temps; toutefois son appropriation par l'humanité a une histoire, et cette histoire peut traverser diverses phases qui, sous le rapport de leur contenu immédiat, différeront peut-être beaucoup l'une de l'autre. Mais, étant supposée la réalité spirituelle qui se révèle en elles, le centre le plus intime de leur vie peut conserver une intime communion, le contenu spirituel de l'une peut devenir aussi la propriété de l'autre et rien n'en sera nécessairement perdu. Eh bien ! voilà ce que nous affirmons au sujet de nos rapports avec le christianisme ancien : c'est le même monde spirituel, c'est le même caractère principal de la vie spirituelle, ce sont les mêmes traits fondamentaux de la religion éthique de la rédemption qui agissent souverainement dans le christianisme ancien et qui doivent conserver pour nous aussi leur importance souveraine, sinon notre vie religieuse se perd dans le vague et se fourvoie, elle sombre dans la pire décadence. Nous n'avons pas à lutter aujourd'hui pour une religion nouvelle, mais pour vivifier le christianisme dans toute sa profondeur. Dans la mesure où nous y réussirons, nous pourrons être entièrement à la hauteur de la situation modifiée, nous pourrons viser à un christianisme plus universel et plus actif, se libérant énergiquement de tout anthropomorphisme, et en même temps considérer comme nôtre et utiliser pour notre vie tout ce que le christianisme ancien, par un travail millénaire, a produit de profondeur religieuse et de biens intérieurs; alors le rapport et la différence entre l'ancien et le nouveau pourront être tous deux maintenus comme il convient.

Mais cette tentative d'accord suppose une condition déterminée et indispensable : c'est qu'il existe en l'humanité une vie spirituelle supérieure à l'existence purement empirique, qui réagisse contre l'abandon à cette existence et qui lui oppose un monde nouveau. Or pour cela il faut intervertir le premier aspect de la réalité, il faut que nous ayons recours à la métaphysique, non pas certes à la métaphysique

*

au sens borné de l'école, mais en ce sens qu'un monde invisible devienne la station principale de notre vie. Seulement, notre époque s'effraye d'une telle démarche comme d'une erreur néfaste.

Elle sent bien, elle aussi, l'insuffisance de la situation moyenne, elle aussi veut bien un approfondissement de la vie, mais elle le veut sans rompre avec la manière ordinaire de penser, elle le veut sans heurter l'opinion publique; elle veut atteindre un but nouveau par des moyens anciens, gravir le sommet suprême sans quitter la marche commode de la plaine. Il faut d'abord que l'humanité soit secouée de cette paresse spirituelle, soit par le sentiment devenu intolérable du vide de la situation moyenne, soit par de grandes catastrophes publiques, soit par l'apparition de personnalités puissantes et maîtrisant les âmes, peut-être par toutes ces causes à la fois ; que la vie prenne alors avant tout la forme d'une lutte pour la conservation spirituelle personnelle, pour le sens et la valeur de l'existence humaine, on verra naître aussi une hardie sécurité de création progressive et en même temps une indifférence complète à l'égard des jugements et des préjugés de la culture moyenne ambiante, qui n'exprime que pitoyablement le contenu authentique de la vie de l'humanité.

En procédant ainsi et en acquérant une vie

spirituelle élevée au-dessus de l'existence purement humaine, on pourra chercher à concilier la religion et le labeur pour la culture, qui sont aujourd'hui si radicalement séparés. Car jamais l'état d'hostilité entre eux ne doit être accepté comme l'état normal, et jamais il ne faut tâcher de grandir la religion en dépréciant ce labeur; la scission profonde introduite par là dans la vie causerait les plus graves dommages aussi bien à l'ensemble de la vie elle-même qu'aux deux parties en présence. Mais un accord n'est possible que si l'on peut distinguer entre ce que la culture met au jour en fait de contenu spirituel et le parti qu'en tirent les tendances humaines; alors seulement devient abordable la question de savoir si la religion et la culture peuvent se rencontrer dans une vie ample et vaste, et, sans rien abandonner de leur indépendance réciproque, agir en vue d'un but commun.

Ainsi il est visible que notre époque abonde en grandes tâches; nous ne les accomplirons que si notre vie est de nouveau mise en branle par un puissant mobile intérieur; mais c'est une condition indispensable pour cela que de reconnaître nos lacunes présentes et la vanité de toute tentative pour atteindre à ces buts en s'en tenant à une vie superficielle basée sur la culture.

4. *Les églises et les partis.*

Il n'est pas possible de statuer, comme nous venons de le faire, une telle différence entre l'ancienne forme du christianisme et celle à laquelle il s'agit de tendre, sans éveiller des doutes très forts sur le caractère définitif des Eglises existantes ; l'importance de l'objet exige une étude plus précise de ce point. Nous sommes loin de vouloir porter un jugement d'ensemble sur la nature et la signification des Eglises particulières ; nous nous bornons à cette question : Comment conçoivent-elles les rapports de la religion traditionnelle avec les exigences de la vie moderne ? Les voies où elles sont engagées permettent-elles d'espérer une solution satisfaisante du problème ?

En Allemagne, du côté des Eglises, la question est dominée par l'antithèse du catholicisme et du protestantisme ; cette antithèse nous fournira la division de notre étude. — Le catholicisme, tel que l'a constitué définitivement le moyen âge, s'efforce sérieusement d'établir une ferme connexion entre la religion et le reste de la vie ; il a en vue la vie tout entière et l'accord des intérêts divers ; en conséquence, la philosophie revêt chez lui une haute signification et n'est pas tenue à l'écart des questions religieuses. Mais la grandeur de l'entreprise, si imposante soit-elle, ne saurait empêcher de graves réserves sur la manière dont on en poursuit la réalisation. Quant à celle-ci, on s'en est tenu essentiellement à la solution médiévale, qu'il est impossible de considérer comme définitive, avec son caractère spécial. Ce caractère spécial consiste à relier au christianisme le monde de la raison naturelle, au moyen de l'idée de gradation; ce monde possède en soi une certaine autonomie, mais, comme ensemble, il est subordonné au « règne de la grâce » et ne peut affirmer aucun droit en contradiction avec lui; quant à son contenu, il provient principalement de la culture antique, notamment de la philosophie aristotélicienne.

En présence de cette solution, on se demandera tout d'abord si, en unissant deux mondes différents et même divergents dans les traits fondamentaux, le monde de l'antiquité où prédomine l'immanence et celui du christianisme ancien où prédomine la transcendance, on peut obtenir un tout cohérent et non une simple juxtaposition d'éléments hétérogènes, intolérable à l'homme moderne dont la vie est accrue en force et en unité. Du point de vue de la religion, on peut se demander si, malgré une prétendue prééminence, elle ne tombe pas en fait dans une forte dépendance à l'égard des idées antiques, par exemple de l'intellectualisme, et aussi de l'idée antique exagérée d'organisation; mais du point de vue de la culture, cette fixation des rapports entre la religion et la raison ne serait supportable que si l'on pouvait tenir pour établi que tous les progrès amenés par la culture moderne appartiennent seulement au côté extérieur de la vie et n'exercent pas sur le centre une action transformatrice et évolutive. C'est ce que les partisans de l'ancienne conception s'efforcent, avec le plus grand zèle, de montrer; ils prennent une attitude amicale envers les sciences naturelles, dont les résultats partiels aboutissent moins nécessairement à une idée générale sur le monde; par contre, ils n'admettent en aucune façon la philosophie moderne, elle doit être envisagée, avec ses principes caractéristiques, comme une émanation de la fantaisie et de l'incrédulité. Quiconque accorde à la culture moderne une importance différente et plus haute, quiconque reconnaît que, malgré ce qu'elle renferme d'exclusivisme et de tendances fausses, elle porte en soi d'essentiels développements de la réalité spirituelle est forcé d'écarter comme un obstacle intolérable la solution arrêtée au moyen âge. Quant à l'Eglise qui veut imposer cette solution dans la pratique, elle restera toujours en retard sur le mouvement de l'humanité ; pour conserver ses adhérents, elle devra exercer une pression toujours plus dure, et malgré son extension au-dehors, elle devra s'enfoncer toujours plus avant dans l'isolement et le particularisme spirituels.

Le mouvement moderniste, très en arrière, il est vrai, en Allemagne, refuse d'en rester à la solution fixée au moyen âge ; il voudrait sauvegarder pleinement le contenu religieux du catholicisme et en même temps le remettre à flot et le revivifier, en le plaçant dans un rapport plus libre avec la vie spirituelle moderne. Il ne manque ni de productions scientifiques éminentes ni d'excellentes personnalités, mais il est fort douteux qu'il soit le point de départ d'une action s'exerçant sur l'ensemble de la religion, et que le catholicisme, sans abandonner son essence, soit conciliable avec la culture moderne.

Dans le protestantisme, il faut distinguer deux formes, l'ancienne et la nouvelle, celle-là exprimant les convictions de l'âge de la Réforme, celle-ci née du contact de la culture moderne avec le christianisme. Certes toutes deux ont quelque chose de commun : la haute appréciation de la personnalité et la primauté accordée à la vie intérieure, et cette communion manifeste ses effets notamment en face du catholicisme; mais si l'on examine de plus près leur contenu, il révèle des divergences telles qu'elles nous interdisent presque de les considérer comme appartenant à une seule et même forme de religion, et de fait le vieux protestantisme est beaucoup plus rapproché intérieurement du catholicisme que du protestantisme moderne.

En face de l'amalgame du christianisme avec des éléments étrangers opéré au moyen âge, le vieux protestantisme visait surtout à mettre en pleine valeur la particularité distinctive du christianisme, ce qui l'amenait à concevoir le rapport de la religion et de la culture, ainsi que celui de la foi et de la science, comme antithétique, et à partager l'existence humaine en deux domaines n'ayant que des points de contact extérieurs; la certitude des choses divines lui semblait d'autant plus sûrement établie qu'elle reposait exclusivement sur elle-même. Combien la vie religieuse a été affermie, la vie intérieure approfondie, le problème moral renforcé par cette méthode qui faisait tomber tout le poids du problème religieux sur l'âme de l'individu, c'est ce que nous n'avons pas besoin d'apprécier; mais il est difficile de contester que la solution de la question que nous avons en vue n'est pas définitive. Cette scission dans l'existence offre pour les deux parties de grands dangers ; la religion reçoit une tournure beaucoup trop subjective, trop exclusivement affective, et elle devient surtout l'affaire des individus ; pour ce qui est de la la culture, détachée des profonds problèmes relatifs à l'homme intégral, elle tombe volontiers dans un utilitarisme purement séculier, et, au total, la position de la religion est ici beaucoup moins sûre que dans le catholicisme. Aussi longtemps que la religion possédait comme jadis un empire incontesté sur la vie, la culture, subsistant à côté d'elle, ne pouvait lui causer aucun dommage. Mais à mesure que la culture gagna en contenu et en influence, à mesure qu'elle prit une importance capitale, à mesure aussi la religion fut en danger de devenir un simple domaine isolé et, en définitive, une chose accessoire. Pour lui fournir un sûr point d'appui au milieu des doutes et des vicissitudes actuels, plusieurs de ses champions ont coutume de se tourner vers l'histoire et de se retrancher sur le terrain positif des faits historiques ; dans une telle entreprise, ils peuvent se sentir d'accord avec la Réformation, en tant que celle-ci se détourna d'une conception spéculative de la religion vers une conception historique. Mais, pour la Réformation, non seulement le contenu de l'histoire était élevé au-dessus de tout doute quelconque, mais encore l'histoire avait un rapport immédiat avec de grands faits universels, avec une vérité suprahistorique; aujourd'hui, au contraire, la critique historique a fortement dissous et ébranlé la tradition, et un contenu métaphysique de l'histoire paraît à tout le moins problématique. L'histoire doit d'abord établir à nouveau sa signification pour nous, et elle ne le peut qu'en partant de l'ensemble de la vie; si l'on se tourne vers elle auparavant, le présent vivant risque d'être opprimé par un passé mort, on risque d'aboutir à un historicisme fort savant, mais spirituellement débile qui, en mêlant ce qui nous est étranger à ce qui nous est propre, compromettrait la pleine vérité de la vie. La direction de la vie spirituelle a visiblement échappé à ce vieux protestantisme; c'est donc une tyrannie injustifiée, et même immorale, que d'imposer par la contrainte directe ou indirecte à la généralité des croyants, notamment au corps enseignant, sa confession de foi issue d'une situation historique et psychologique toute spéciale. Celui qui a perdu la direction des esprits n'a pas le droit de prétendre régner.

Il en va tout autrement dans le protestantisme moderne, parce qu'il s'efforce de rendre pleine justice à la religion comme à la culture et qu'il cherche à les concilier ensemble sur le terrain vivant du présent. Mais si beaucoup de pierres d'achoppement et d'obstacles disparaissent de ce fait, nous voyons surgir des difficultés d'un autre genre. Le protestantisme moderne provient de la culture plus que de la religion ; si noble que fût celle-là, par exemple au point culminant de l'humanisme allemand, elle n'a pas laissé apparaître en pleine valeur l'essence spécifique du christianisme ; ce qu'il renferme d'âpre, d'irrationnel, de négatif à l'égard du monde fut relégué bien en arrière, et, du même coup, son pouvoir de vaincre et de rénover le monde se trouva affaibli ; on vit alors un christianisme trop favorable au monde, trop aimable, trop traitable, qui ne blesse personne, il est vrai, mais qui, manquant de profondeur métaphysique, est incapable d'une secousse et d'une concentration énergiques, qui est plus fort pour nier l'ancienne manière que pour en développer une nouvelle. Il faut avouer qu'on est facilement injuste en portant ici un jugement général, attendu que dans cette tendance les individus diffèrent notablement et que leurs productions s'élèvent à des degrés très variés. Mais la haute estime pour les individus ne peut nous dissimuler le fait que cette tendance, au total, n'a pas encore conquis une influence positive et large sur l'humanité et que, jusqu'à présent, elle est bien en arrière, sous ce rapport, des formes anciennes.

Cela provient en grande partie, sans doute, de ce que la nouvelle manière est liée à la confession et à la forme de vie de l'ancienne, conséquence, chez nous autres Allemands, de la dépendance de l'Eglise à l'égard de l'Etat. On peut engager une discussion de principe sur le profit et les inconvénients d'une telle organisation ; il est possible que, dans des conditions normales, elle offre de notables avantages. Mais actuellement les rapports ne sont pas normaux; à une époque qui, comme la nôtre, a rompu avec la religion traditionnelle, l'inconvénient d'une telle union doit l'emporter de beaucoup. Car en obligeant le nouveau à couler autant que possible ses aspirations dans les vieux moules ou à les y accommoder, on l'empêche d'exprimer nettement sa nature; il est dans l'impossibilité de faire des expériences qui lui soient suffisamment propres ; il ne peut se coordonner en vue d'une action intégrale. En outre, la lutte de l'ancienne et de la nouvelle manière consume le meilleur des forces dont elles disposent : l'ancienne a pleinement raison quand elle estime que la nouvelle n'est plus sur le terrain de la tradition ecclésiastique ; la nouvelle tout autant, en refusant d'identifier absolument le christianisme avec cette tradition et en désirant établir des rapports plus amicaux entre la religion et la culture ; l'apaisement de cette querelle et l'accord réciproque étant tout à fait impossibles sur le terrain de l'Église, on ne voit pas comment en sortir ni de quelle utilité elle peut être pour la religion et l'ensemble de l'humanité ; par contre, elle renferme un danger, celui d'arrêter le mouvement religieux.

La même observation s'applique mieux encore à l'antithèse du catholicisme et du protestantisme, pour un autre motif, il est vrai. Cette antithèse ne correspond pas à la situation historique du problème religieux. Car s'il est certain que la séparation entre ces confessions pose un permanent problème de principe, à savoir celui du rapport réciproque de la société et de la personnalité en religion, ce problème n'est pas capital à l'heure actuelle ; de plus, la manière spéciale dont l'a formulé la Réformation ne peut plus être la nôtre ; bref, c'est engager le mouvement religieux dans une fausse voie que d'en revenir perpétuellement à l'antithèse qui a dominé le XVIme siècle, et que de se laisser détourner des problèmes que nous imposent aujourd'hui une situation essentiellement autre de l'humanité et une position essentiellement différente de la religion dans la vie spirituelle, lesquels problèmes nous donnent, en vérité, suffisamment à faire. Pourquoi donc devrions-nous vivre d'une vie étrangère au lieu de vivre notre propre vie ? Au surplus, le catholicisme et le protestantisme ne font souvent que masquer leur propre vide, quand le catholique ne trouve rien de mieux que de reprocher éternellement au protestantisme son apostasie et son incrédulité, et le protestant, en revanche, de reprocher au catholicisme son esprit rétrograde et sa superstition. Cela n'a d'autre effet que d'aigrir les esprits sans faire avancer la question. Et même cela obscurcit facilement le sérieux de la crise présente. Quand on aperçoit clairement notre incertitude complète au sujet des bases et de l'orientation principale de l'existence humaine, l'abîme profond qui sépare les hommes, en particulier le divorce entre la religion et la culture séculière et l'ébranlement total de la religion traditionnelle ; quand on se représente en même temps l'insuffisance des moyens par lesquels on cherche souvent à remédier à cet état de choses, combien on attend souvent le secours et le salut de la simple adhésion à un étroit programme de parti ou bien de formules nouvelles, on se souvient du mot de Hume : Il y a des gens qui essaient d'arrêter le débordement de l'océan avec un torchon de paille.

En réalité, le problème religieux est loin désormais de pouvoir être traité d'un point de vue confessionnel ou d'un point de vue de parti; il dépasse les Eglises existantes et il est devenu l'affaire de toute l'humanité; c'est comme tel qu'il demande à être traité, et il ne le peut sans se créer des voies et des formes nouvelles. Il ne faut pas nous tourmenter aujourd'hui pour savoir comment y arriver; dans des questions de nature historique universelle, il convient de réprimer toute impatience et de faire simplement le devoir du jour. Or ce devoir est assez évident. Pour aller plus avant dans le sens de la vérité, nous avons besoin avant tout de clarté; il ne doit notamment subsister aucun doute sur ceci: l'effort de notre époque tend à une rénovation de la religion, non à un simple retour aux anciennes formes du christianisme, ni à une atténuation, à une interprétation « libérale » de ces formes ; il s'agit d'obtenir une forme de christianisme essentiellement neuve, correspondant à l'état historique de la vie spirituelle. Et cette tâche si grande et si difficile requiert une fermeté inébranlable et une inflexible énergie. Nous ne les trouverons qu'en nous laissant contraindre par l'objet et en en subissant simplement la nécessité. Cela seul peut nous rendre indépendants de la situation moyenne de l'époque, nous armer suffisamment pour lutter non seulement contre les obstacles directs, mais contre les compromissions et les alanguissements, contre les tendances incertaines qu'une affirmation décisive fait hésiter et qui voudraient éviter toute rupture avec la moyenne de l'opinion ; contre ceux qui ne connaissent aucune gradation, qui n'admettent aucune séparation des esprits, mais qui traitent comme similaires et équivalents le substantiel et le vide, le profond et le superficiel, le grand et le petit, et se plaisent à donner à cette neutralité sans caractère les noms de justice et d'objectivité. Les luttes et les troubles croissants font comprendre à tout homme réfléchi qu'il ne s'agit pas, à ce propos, d'un spectacle amusant qu'il pourrait contempler du dehors, mais que le sens de sa propre vie et sa propre conservation spirituelle sont ici en question, et que la raison ne peut se trouver sur un point donné, si elle n'existe pas dans le tout. Mieux on comprendra cela, plus il est à espérer que le problème religieux se posera derechef avec l'énergie et l'intensité d'effort qui lui conviennent, et qu'au lieu d'en rester à l'état de réflexion tourmentée, le travail qu'on y consacrera deviendra une action créatrice et progressive.

AUX MÊMES LIBRAIRIES

GOMPERZ, TH. — *Les Penseurs de la Grèce*. Histoire de la philosophie antique. Ouvrage traduit de la deuxième édition allemande par Aug. REYMOND, couronné par l'Académie française et précédé d'une préface de M. A. CROISET, de l'Institut. Tome I. In-8 de XVI–546 pages, 2me édition . . 10. —
Tome II. In-8 de VIII–710 pages, 2me édition. . . . . 12. —
L'ouvrage sera complet en trois volumes.

GUEX, FR., professeur à l'Université de Lausanne, directeur d'Ecole normale. — *Histoire de l'Instruction et de l'Education*. Ouvrage honoré d'une souscription du Ministère de l'Instruction publique de France. Un volume in-8 de 744 pages, ill. de 110 gr. Rel. toile angl., 7.50; broché . . 6. —

JAMES, W. — *Causeries pédagogiques*, avec préface de Jules Payot. Nouvelle édition augmentée de notes et d'une notice biographique sur l'auteur. In-16 . . . . 2.50

LECLÈRE, A., docteur ès-lettres. — *La morale rationnelle dans ses relations avec la philosophie générale*. In-8, 544 pages. 7.50

SECRÉTAN, CH. — *La philosophie de la liberté. L'idée*. In-8, 3me édition . . . . 5. —

— *Le Principe de la morale*. In-8. . . . . 7.50

— *Le Droit de la femme*, suivi des *Etudes sociales*. In-12, nouv. édit. 3.50

— *La Civilisation et la Croyance*. 3me éd. In-8, 7.50; in-12 . 3.50

FIAUX, JULES. — Néosophie. Théories et applications. Vol. I, *Vers la santé et la pleine vie*. In-16 de 300 pages . . . 4. —

— *Comment réussir dans la vie*. Petit in-16 de 62 p. (6me mille) . 60

MARTIN, WILLIAM. — *La situation du catholicisme à Genève* (1815-1907). In-16 broché. 3.50

MOREL, ALEXANDRE, pasteur à Berne. — *Vers le trône*. Articles détachés du « Libérateur ». In-16; rel. doré, 5.50; jaspé, 5. — ; broché 3.50

WARNERY, HENRY. — *Le Chemin d'espérance*. In-16. 2me édit., relié, 5. — ; broché. 3.50

DE LOËS, ALEXIS, professeur de théologie, recteur de l'Université de Lausanne, ancien pasteur. — *Pensées de paix*. Etudes évangéliques pratiques. Nouvelle édition avec un portrait hors texte de l'auteur. In-16 . . . . 3.50

GINDRAUX, JULES. — *Homme et Dieu*. Etude sur la divinité de Jésus-Christ. In-16 . . . . 3.50

www.ingramcontent.com/pod-product-compliance
Ingram Content Group UK Ltd.
Pitfield, Milton Keynes, MK11 3LW, UK
UKHW020457200726
13857UKWH00002B/747

9 782012 79790